Sieglinde Eva Tömmel

Wer hat Angst vor Sigmund Freud?

BV

Die Psychoanalyse ist eine therapeutische Methode, die auf gegenseitigem Vertrauen und auf der Verpflichtung zur Wahrheit beruht. Das schließt auf Seiten des Patienten die Bereitschaft ein, sich zu öffnen, das bestehende Leid und den eigenen Kummer zu erzählen und darauf zu vertrauen, dass der Andere, der Psychoanalytiker, gut mit diesem Vertrauen umgehen wird.

Das ist allerdings nicht selbstverständlich. Den meisten Menschen macht es nämlich Angst, ihre Gefühle, Gedanken, Phantasien, Wünsche, Hoffnungen und Sehnsüchte einem Fremden mitzuteilen. Es löst Scham aus, wenn Fehler und Fehltritte, tatsächliche und phantasierte, erzählt werden sollen. Es bereitet Qualen, einst Verdrängtes wieder ausgraben zu müssen: Traumata, Verführungen, Verrat, sexuelle Verfehlungen, aber auch intensive Gefühle der Liebe und der Leidenschaft, die nicht beantwortet wurden. Zurückgewiesene Hingabe hinterlässt tiefe Wunden, die nicht bewusst sein müssen.

Ebenso macht es vielen Menschen Angst, wenn aggressive Gefühle gegen nahe Personen auftauchen. All das soll man nun einem fremden Menschen, der der Psychoanalytiker ja ist, erzählen? – So sind wir mittendrin in den Fragestellungen, die Tömmel präzise erläutert und beantwortet.

Sieglinde Eva Tömmel, Dr. phil., Dr. rer. pol., habil., Psychoanaytikerin in eigener Praxis, Lehr- und Kontrollanalytikerin der Münchener Arbeitsgemeinschaft für Psychoanalyse (MAP/DGPT) und der Ärztlichen Akademie für die Psychotherapie von Kindern und Jugendlichen, München. Zahlreiche Beiträge in Zeitschriften und Büchern zu klinischen und kulturtheoretischen Fragen der Psychoanalyse.

Sieglinde Eva Tömmel

Wer hat Angst vor Sigmund Freud?

Wie und warum die Psychoanalyse heilt

Brandes & Apsel

Sie finden unser Gesamtverzeichnis mit aktuellen Informationen
im Internet unter: *www.brandes-apsel-verlag.de*
Wenn Sie unser Gesamtverzeichnis in gedruckter Form wünschen,
senden Sie uns eine E-Mail an: *info@brandes-apsel-verlag.de*
oder eine Postkarte an:
Brandes & Apsel Verlag, Scheidswaldstr. 33, D–60385 Frankfurt am Main

1. Auflage 2006

DTP + Umschlag: Franziska Gumprecht, Brandes & Apsel Verlag
Druck: Tiskarna Ljubljana d.d., Ljubljana, Printed in Slovenia
Gedruckt auf säurefreiem, alterungsbeständigem und chlorfrei gebleichtem Papier.

Bibliografische Information *Der Deutschen Bibliothek:*
Die Deutsche Bibliothek verzeichnet diese Publikation in der Deutschen Nationalbibliografie; detaillierte bibliografische Daten sind im Internet über http://dnb.ddb.de abrufbar

ISBN 3-86099-827-7

Inhalt

Einführung

Wer hat Angst vor Sigmund Freud?

> Alles sollte so einfach wie möglich sein, aber nicht einfacher.
>
> *Albert Einstein*

Immer wieder werde ich von Patienten gefragt, wer Sigmund Freud war, wie die Psychoanalyse entstanden ist, was sie von anderen psychotherapeutischen Methoden unterscheidet, wie es mit der Aktualität der Psychoanalyse bestellt ist, ob sie überhaupt eine Wissenschaft sei oder auch, ob es eine moderne Psychoanalyse gibt, die Psychoanalyse also eine Zukunft haben wird.

Noch häufiger werde ich gefragt, warum und wie denn die Psychoanalyse heilt. Ist die Fähigkeit der Psychoanalyse zu heilen, nur eine Behauptung oder kann sie wirklich helfen?

Die zuletzt genannte Frage drückt auch eine Angst aus: Gibt es eine Heilung für psychische Störungen und Erkrankungen oder gibt es sie nicht? Damit werde ich mit den großen Ängsten von Patienten und vielen anderen Leuten konfrontiert, die gerne eine Therapie machen würden, sich aber nicht trauen. Das ist bedauerlich, weil zahlreiche Menschen von der Psychoanalyse und ihrer heilenden Wirkung profitieren könnten.

Die zahlreichen Ängste und Vorbehalte müssen benannt und verstanden werden, weil von ihrer realistischen Besänftigung eine *wirksame Hilfe für Patienten* abhängt. Denn obwohl sich die Psychoanalyse sehr weit über die Länder der Erde ausgebreitet hat, gibt es viele Bedenken gegen sie oder sogar noch mehr als zur Zeit ihrer Entstehung. Das liegt nicht zuletzt daran, dass die Psychoanalyse in der breiteren Öffentlichkeit schlecht vertreten wird. Merkwürdigerweise ist das Gold der Psychoanalyse auch hundert Jahre nach ihrer Entstehung noch verborgen. Das ist wohl ein Versäumnis der Psychoanalytiker selbst, das erst nach und nach wieder gut gemacht werden kann.

Die Psychoanalyse ist eine therapeutische Methode, welche auf gegenseitigem Vertrauen und auf der Verpflichtung zur Wahrheit beruht. Das schließt auf Seiten des Patienten die Bereitschaft ein, sich zu öffnen, das eventuell bestehende Leid und den eigenen Kummer zu erzählen und darauf zu vertrauen, dass der Andere, der Psychoanalytiker, gut mit diesem Vertrauen umgehen wird.

Das allerdings ist nicht selbstverständlich.

Den meisten Menschen macht es nämlich Angst, ihre Gefühle, Gedanken, Phantasien, Wünsche, Hoffnungen und Sehnsüchte einem Fremden mitzuteilen. Es löst Scham aus, wenn Fehler und Fehltritte, tatsächliche oder vermutete, erzählt werden sollen. Es bereitet Qualen, einst Verdrängtes wieder ausgraben zu müssen: Traumata, Verführungen, Verrat, sexuelle Verfehlungen, aber auch intensive Gefühle der Liebe und der Leidenschaft, die nicht beantwortet wurden. Zurückgewiesene Hingabe an Geliebte, Freunde, Eltern, vielleicht Geschwister, hinterlassen tiefe Wunden, die nicht bewusst werden sollen.

Ebenso macht es vielen Menschen Angst, wenn aggressive Gefühle gegen nahe Personen auftauchen. Vermutlich gibt es wenig Menschen, die nicht schon einmal im Traum getötet haben. Aggressive Impulse, hässliche, jenseits aller Vorstellungen von Anstand und Sitte liegende Perversionen können so viel Scham auslösen, dass sie scheinbar für immer ins Dunkel der Verdrängung vergraben werden müssen. Soll man das nun alles einem fremden Menschen, der der Psychoanalytiker anfänglich ja ist, erzählen?

Zahllose Menschen leiden aber gar nicht bewusst an der Verdrängung starker Gefühle. Sie leben einfach dahin, in einer Art »wunschlosen Unglücks« wie Peter Handke diesen seelischen Zustand einmal in einem Roman über seine Mutter genannt hat. Sie spüren schon lange nicht mehr, dass da früher einmal etwas war, vielleicht in der Kindheit, was die Bezeichnung »Lebendigkeit« verdiente. Diese Stimmungslage bedeutet nicht nur, dass der von ihr Befallene ein leeres und mühsames Leben führt, sondern sie ist auch die Grundlage für depressive Erkrankungen.

In solchen Fällen sprechen Psychoanalytiker von einem Unglück, dessen Wurzeln dem Leidenden unbewusst sind. Um diesen Zustand zu bessern, müsse das Unbewusste aufgedeckt werden, so die Botschaft Sigmund Freuds. Die Psychoanalyse ruft damit aber weitere Ängste hervor. Das Unbewusste ist eben unbewusst, das heißt, ich weiß in weiten Teilen gar nicht, was in mir ist, war oder sein wird. Mit der Anerkennung von etwas Unbewusstem in mir, ohnehin schwierig genug, muss ich mich einer unkontrollierbaren, unsicheren, Angst machenden Situation stellen. Die meisten Menschen legen mit Recht großen Wert auf die eigene psychische Sicherheit. Eine Situation, die man nicht kontrollieren kann, wird verständlicherweise gemieden. Es macht Angst, dass wir, wie Freud sagte, »nicht Herr sind im eigenen Haus«.

Normalerweise muss man nicht in seinem Unbewussten nachforschen, was darin verborgen sein könnte. Zwar lässt sich dessen Existenz für jeden einfach erleben, wenn es sich in Träumen oder den schon sprichwörtlich im Alltag belächelten »Fehlleistungen« zeigt, aber das ist nicht weiter beunruhigend. Im Falle offensichtlicher Symptome aber wie Depressionen, Ängste aller Art, Panikattacken, rätselhafte Sensationen am Herzen, Kreislauf, Magen und an anderen Organen ohne nachweisbare körperliche Ursache ist es notwendig, einen Therapeuten aufzusuchen und gemeinsam mit diesem herauszufinden, was die Ursache für die unterschiedlichen Phänomene sein könnte. Denn aus einer langen Geschichte von Vernachlässigung, Misshandlung, mangelnder Einfühlung, aus traumatischen Erfahrungen oder auch aus nicht gelungener Verdrängung seelischer Konflikte können ernste psychische Erkrankungen entstehen. Deshalb sollten die Konflikte erkannt und gelöst, ihr unbewusster, meist frühkindlicher Anteil aufgedeckt und an die frische Luft der zwischenmenschlichen Beziehung gesetzt werden. Für diesen Prozess ist der Psychoanalytiker die Person der Wahl.

Zahlreiche Neurowissenschaftler haben inzwischen in weiten Teilen Freuds Forschungsergebnisse grundsätzlich bestätigt. Kein Hirnphysiologe bestreitet heute mehr, dass jeder Mensch ein Unbewusstes hat, das den größten Teil seiner Hirntätigkeit ausmacht und *dass alle bewussten Handlungen im Unbewussten vorbereitet werden.* Wer also auf die grundsätzliche Bestätigung der Psychoanalyse durch die Naturwissenschaften Wert legt – auch der darf sich inzwischen ruhigen Gewissens einem Psychoanalytiker anvertrauen.

So ist die *moderne Psychoanalyse* nach wie vor die Sigmund Freuds, weil sie auf dessen Grundgedanken der *Existenz eines dynamischen Unbewussten* und dessen Wirkung im Traum, im Alltagsleben, im normalen Handeln und in der Entstehung neurotischer Erkrankungen beruht. Die moderne Psychoanalyse hat sich so in die Tiefe und Breite entwickelt, dass ihre Ergebnisse inzwischen Bibliotheken füllen, weil sie nach wie vor eine große Anziehungskraft auf begabte Forscher in aller Welt ausübt: auf Entwicklungspsychologen, Hirnphysiologen, Babywatcher, Bindungsforscher, Sozial- und Literaturwissenschaftler. Umgekehrt hat die Psychoanalyse auch den größten Nutzen von diesen Wissenschaftsdisziplinen. So haben sowohl die moderne Entwicklungspsychologie des Kindes als auch die Neurowissenschaften so viele Kenntnisse über die Funktionsweise unseres Hirns und unserer Psyche bezüglich des Austausches mit der Welt und mit unserem Nächsten zutage gefördert, dass sich die Psychoanalyse hiermit auseinandersetzen muss.

Dabei ergeben sich die spannendsten Aussichten auf die Zukunft einer Therapie, die in der Lage sein wird, alte Fehler abzustreifen, neue Perspektiven hinzu zu gewinnen und, vor allem, Patienten noch besser zu helfen.

1. Kapitel

Einige Bemerkungen zu Sigmund Freuds Biographie

Wer sich nicht mit seiner Vergangenheit auseinandersetzt, ist gezwungen, sie zu wiederholen.
Sigmund Freud

Die Beziehung zwischen Schöpfung und Schöpfer

Vermutlich gibt es einen engen Zusammenhang zwischen der Biographie des Schöpfers einer Disziplin und der Disziplin selbst. Deshalb beginne ich mit der Darstellung einiger Ereignisse aus Freuds Leben. Die Psychoanalyse, teilweise aus Eigenbeobachtung entstanden und angewiesen auf Selbsterkenntnis, kann nicht ganz unabhängig sein von ihrem Schöpfer. Die Schöpfung rückt uns aber etwas näher, wenn wir den Schöpfer ein wenig besser kennen und damit auch besser verstehen.

Kaum eine Biographie eines Wissenschaftlers ist so genau erforscht wie die Sigmund Freuds. Ernst Federn, geboren 1914 in Wien, wegen der Freundschaft zwischen Sigmund Freud und seinem Vater, dem Internisten und Psychoanalytiker Paul Federn, als Kind noch zu Freuds Füßen spielend, meint, dass fast jede Minute in Freuds Leben erforscht sei und dennoch zahlreiche Missverständnisse seine Person und sein Werk umgäben.[1]

Dies hat etwas damit zu tun, dass die Psychoanalyse neben ihrem naturwissenschaftlichen (biologischen) Teil auch eine durch Selbstbeobachtung, Selbsterfahrung, Selbsterkundung und Selbsterkenntnis gefundene Theorie ist, die über den Weg der Erforschung des individuellen Seins den Weg zur Erkenntnis des Anderen öffnete. Die Deutung des Lebens eines Anderen begünstigt auch die Deutung des Schöpfers – nicht immer zu dessen Gunsten.

Sigmund Freuds Leben war nicht unkompliziert; es ist eingebettet in die historischen, kulturellen und sozialen Bedingungen der Donaumonar-

---

1 Persönliche Mitteilung im August 2005

chie und speziell in den Zusammenhang der sozialen Stellung der Juden im Vielvölkerstaat. Er war von Kindheit an nicht auf Rosen gebettet und hatte nicht das Glück und die Unbekümmertheit, die die Unabhängigkeit von finanziellen Sorgen einem aufwachsenden Kind geben können.

Sigmund Freud wurde in Freiberg/Mähren (heute: Pribor) geboren und starb am 23. September 1939 in London. Er wurde 83 Jahre alt. Seine letzten Lebensjahre waren von vielen Krebsoperationen gezeichnet. Hinzu kam die von ihm selbst nicht gewollte und nicht gewünschte, nur seiner Familie zuliebe unternommene Emigration von Wien nach London 1938, dem Jahr der nationalsozialistischen Machtübernahme in Österreich.

Frühe Kindheit in Freiberg/Mähren

Hören wir, wie Freud selbst seine ersten Jahre beschreibt:

> Ich bin am 6. Mai 1856 zu Freiberg in Mähren geboren, einem kleinen Städtchen der heutigen Tschechoslowakei. Meine Eltern waren Juden, auch ich bin Jude geblieben. Von meiner väterlichen Familie glaube ich zu wissen, daß sie lange Zeit am Rhein (in Köln) gelebt hat, aus Anlaß einer Judenverfolgung im vierzehnten oder fünfzehnten Jahrhundert nach dem Osten floh und im Laufe des 19. Jahrhunderts die Rückwanderung von Litauen über Galizien nach dem deutschen Österreich antrat. Als Kind von vier Jahren kam ich nach Wien, wo ich alle Schulen durchmachte. Auf dem Gymnasium war ich durch sieben Jahre Primus, hatte eine bevorzugte Stellung, wurde kaum je geprüft. Obwohl wir in sehr beengten Verhältnissen lebten, verlangte mein Vater, daß ich in der Berufswahl nur meinen Neigungen folgen sollte. Eine besondere Vorliebe für die Stellung und die Tätigkeit des Arztes habe ich in jenen Jugendjahren nicht verspürt, übrigens auch später nicht. Eher bewegte mich eine Art von Wißbegierde, die sich aber mehr auf menschliche Verhältnisse als auf natürliche Objekte bezog und auch den Wert der Beobachtung als eines Hauptmittels zu ihrer Befriedigung nicht erkannt hatte. Indes, die damals aktuelle Lehre Darwins zog mich mächtig an, weil sie eine außergewöhnliche Förderung des Weltverständnisses versprach, und ich weiß, daß der Vortrag von Goethes schönem Aufsatz »Die Natur« in einer populären Form kurz vor der Reifeprüfung die Entscheidung gab, daß ich Medizin inskribierte. (Freud 1926, S. 34)

Sehr schnell leitet Freud in seiner *Selbstdarstellung* von seinem Geburtsort Freiberg (heute: Pribor) zu seiner Schulzeit in Wien und zu seinem

Studium an der Wiener Universität über. Er selbst hat uns gelehrt, dass diese Zurückhaltung auffällt und vermutlich eine Bedeutung hat.

Siegfried Bernfeld, einer der ersten seiner zahlreichen Biographen, hat schon 1944 versucht, diese Lücke zu schließen (Bernfeld, Cassirer-Bernfeld 1981). Ihm ist damit eine schöne »Erzählung« gelungen, der ich mich im folgenden Abschnitt weitgehend anschließe.

Das erste Kind einer jungen Mutter kam mit einer »Glückshaube« zur Welt, d. h. in der noch unverletzten Eihaut. Weil diese Hülle tatsächlich den Kopf des Kindes beim Durchtritt in die Welt schützt, wird dieser Umstand von alters her als ein Glücksversprechen für die Zukunft angesehen.

Eine alte Bäuerin prophezeite nach der Geburt des kleinen Sigmund der jungen Mutter, sie habe »der Welt einen großen Mann geschenkt« (Freud 1926a). Offenbar glaubte die Mutter an diese Weissagung, und so wurde diese zur immer wiederholten Familienlegende, die das frühe emotionale Spiegelungserleben des kleinen Sigmund positiv beeinflusste.

Seine Familienkonstellation war nicht unkompliziert: Sein Vater Jakob Freud (1817-1898) hatte als fast 40-jähriger Mann in zweiter Ehe die noch nicht zwanzigjährige Amalie Nathanson (1835-1930) geheiratet. Zu dieser Zeit war aber Jakob Freud bereits Großvater. Sein Sohn Emmanuel hatte bereits zwei Kinder, John, ein Jahr älter als Sigmund, später sein »ewiger Rivale«, gegen den er sich durchsetzen musste, und eine mit Sigmund fast gleichaltrige Tochter, Pauline. Er wurde also schon als Onkel geboren – ein Umstand, dessen kompliziertes Verständnis mit Sicherheit den kleinen Sigmund beschäftigt hat.

Freud selbst bezeichnete sich in einem Brief, den er anlässlich der Enthüllung einer Gedenktafel in Freiberg im Jahr 1931 verfasste, als »das glückliche Freiberger Kind, der erstgeborene Sohn einer jugendlichen Mutter«. Sein »Eroberergefühl«, das aus seiner Bevorzugung durch die Mutter resultierte, blieb ihm lebenslang erhalten. Er verglich sich diesbezüglich gerne mit Goethe, dem gleiches Glück mit seiner Mutter widerfahren sei:

»Wenn man der unbestrittene Liebling seiner Mutter gewesen ist, so behält man fürs Leben jenes Eroberergefühl, jene Zuversicht des Erfolges, welche nicht selten den Erfolg nach sich zieht«, schreibt Freud in seinem Aufsatz *Eine Kindheitserinnerung aus Dichtung und Wahrheit* (Freud 1917, S. 26).

Sigmund war aber nicht nur das bevorzugte, erstgeborene Kind seiner jungen Mutter, sondern er hatte auch eine bedenklich ruppige Kinderfrau, eine katholische Tschechin, der er wohl sein Taschengeld schenkte, mit ihr die katholische Messe besuchte und schon früh von Teufeln und Strafe fabulierte (Bernfeld 1981, Jones 1982). Sie verschwand später, weil sie gestohlen hatte. Er soll seine Kinderfrau schmerzlich vermisst haben.

Der kleine Sigmund liebte und bewunderte seinen Vater sehr. Dieser war für ihn der »klügste, reichste und mächtigste Mann«, den er kannte. Die Idealisierung des Vaters, wichtig für ein Kind, entsprach insofern der Realität, als Vater Freud nach Alter und Bedeutung an der Spitze der Familienhierarchie stand und ein wohlwollend-patriarchalisches Regiment führte.

Zu den Kümmernissen des kleinen Buben Sigmund gehörten die vielen Schwangerschaften, an deren Ende er auf seine Mutter verzichten und anschließend einen Rivalen begrüßen musste. Den Neuankömmling soll er jeweils nur unwillig begrüßt haben. Auch später wollte er nicht dulden, dass sein häuslicher Frieden und die Stille, die er für seine Lesearbeiten einforderte, von seinen Geschwistern gestört wurde.

Seine Mutter Amalie Freud hatte außer ihm noch sieben weitere Schwangerschaften: Julius, etwa ein Jahr nach Sigmund geboren, starb im Alter von acht Monaten; Anna, zweieinhalb Jahre jünger als Freud, danach weitere fünf Geschwister: Rosa, Marie, Adolfine, Pauline und Alexander, zehn Jahre nach Sigmund in Wien geboren. Besonders sein früh gestorbener Bruder Julius wurde von Freud mit Hass und Abneigung sowie mit heftiger Kindereifersucht auf den Rivalen begrüßt. Von dessen Tod sei eine Neigung zu Selbstvorwürfen in seiner Seele übrig geblieben, schrieb Freud viel später an seinen Freund Wilhelm Fließ, zu einer Zeit, als er bereits mitten in der Arbeit zu seiner Selbstanalyse steckte.

Mit jeder neuen Schwangerschaft und Geburt wurde der kleine Sigmund »entthront«, fühlte sich bedroht in seiner einzigartigen Stellung zu seiner Mutter und musste die psychische Anstrengung vollbringen, die Geschwister, wenn nicht zu lieben, so doch auch nicht zu hassen. In seinem Aufsatz über Goethe wird Freud später darstellen, dass auch dieser unter seinen nachfolgenden Geschwistern und deren Tod litt; des weiteren erzählt er von einem Patienten, der die Schmach der Entthronung niemals verwunden habe und zeitlebens nicht mehr recht »in die Reihe gekommen« sei. Es ist davon auszugehen, dass Freud von der Rivalität zu seinen Geschwistern wesentlich stärker betroffen war, als er direkt zuzugeben bereit war. In seinem Werk finden sich immer wieder Stellen, in denen er einfühlsam auf das Leid von Patienten eingeht, denen ähnliches widerfahren war.

Umzug über Leipzig nach Wien

Als Sigmund Freud drei Jahre alt war, musste die Familie, Opfer der Industrialisierungsprozesse in Osteuropa, umziehen. Jakob Freud war Wollhändler, und die kleine Stadt Freiberg wurde durch verschiedene Umstände zu einem unwichtigen Nebenschauplatz des industriellen Wandels. Jakob Freud verlor seine Kunden und musste die Stadt verlassen. Über Leipzig, wo er ein Jahr lang blieb, zog er mit seiner noch kleinen Familie nach Wien, wo er dauerhaft ansässig wurde.

Nach dem Verlust seiner Kinderfrau verlor der kleine Sigmund so auch die Nähe zu seinen Halbbrüdern Philipp und Emmanuel, die nach England auswanderten, sowie zu dessen Kindern John und Pauline. Der Zeit in Freiberg, in der er sich als glücklich und zufrieden erlebt hatte, folgten einige harte und unerfreuliche Jahre, an die Freud keine Erinnerung hatte: »Dann kamen lange harte Jahre; ich glaube, sie waren nicht wert, sich etwas daraus zu merken.« (Freud 1926a, S. 476) Seine Erinnerungen beginnen erst vom sechsten oder siebten Lebensjahr an, zusammenhängend zu werden.

Auch in Wien war das Leben nicht leicht, und Vater Freud erhielt häufig finanzielle Zuschüsse von der Familie seiner Frau (Jones 1982, S. 37). Die Bevorzugung des jungen Sigmund hielt jedoch an: er bewohnte ein kleines Zimmer, besaß im Gegensatz zur weiteren Familie eine Petroleumlampe, während alle anderen sich mit Kerzenbeleuchtung in ihren Schlafzimmern zufrieden geben mussten. Berühmt wurde die Geschichte, die seine Schwester Anna der Nachwelt hinterlassen hat: Im Alter von acht Jahren begannen die Mädchen bei der musikalischen Mutter Klavierunterricht zu nehmen. Das Klavierspiel störte den ehrgeizigen Schüler Sigmund sehr, so dass er verlangte, das Klavier müsse weg. Es wurde tatsächlich abgeschafft. Die Schwestern hatten das Nachsehen. Seine Geschwister und auch seine eigenen Kinder blieben später alle ohne musikalische Erziehung. Auch in späteren Jahren war die Abneigung Freuds gegen Musik allgemein bekannt: Er verzog sein Gesicht, wenn er Musik »erleiden« sollte.

Zunächst wurde Sigmund von seiner Mutter unterrichtet, dann von seinem Vater. Dieser scheint großzügig, auch gebildet und weitherzig gewesen zu sein. So sagte er einmal, seiner väterlichen Autorität gewiss, seinen Sohn aber realistisch einschätzend: »Mein Sigmund ist in der kleinen Zehe gescheiter als ich in meinem Kopf, aber es würde ihm nie einfallen, mir zu widersprechen.« (Wittels, zitiert nach Jones 1982, S. 38) Mit neun Jahren bestand Sigmund die Aufnahmeprüfung ins Gymnasium. Er war stets ein glänzender Schüler. Mit siebzehn Jahren bestand er das Abitur.

In Freuds Jugend zeigten sich bereits deutlich sein starker Ehrgeiz, seine Idealisierung des Heldentums, sein großes Selbstbewusstsein und eine gewisse Überzeugung von seiner Überlegenheit. Im Alter von sechzehn Jahren wollte er kurzfristig Jura studieren, weil dieses Studium ihm Einflussmöglichkeiten auf Politik und Staatsgeschäfte eröffnet hätte. Nach kurzer Zeit jedoch entschied er sich für das Studium der Natur, zunächst keineswegs, um Medizin zu erlernen.

Für das Studium der Medizin entschied er sich mehr aus Zufall denn aus Neigung, mehr Verlegenheit der Wahl als Entscheidung für die Heilung von Patienten. Dass die Fähigkeit zu heilen nicht sein Haupttalent war, ist heute allgemein bekannt. Aber die Lust an der Erkenntnis der Gesetzmäßigkeiten »zwischenmenschlicher Verhältnisse« ist ihm nicht nur Zentrum seiner wissenschaftlichen Bemühungen geworden, sondern machte ihn schließlich zu dem berühmtesten Psychologen des 20. Jahrhunderts. Nach Auffassung seiner Biographen begleitete ihn dabei immer das Gefühl des »Auserwähltseins« und der selbstverständlichen Anerkennung, die andere ihm schuldeten (Clark 1981).

Sigmund Freuds Jahre an der Universität

> Die Universität, die ich 1875 bezog, brachte mir zunächst einige fühlbare Enttäuschungen. Vor allem traf mich die Zumutung, daß ich mich als minderwertig und nicht volkszugehörig fühlen sollte, weil ich Jude war... Aber eine für später wichtige Folge dieser ersten Eindrücke von der Universität war, daß ich so frühzeitig mit dem Los vertraut wurde, in der Opposition zu stehen und von der »kompakten Majorität« in Bann getan zu werden. Eine gewisse Unabhängigkeit des Urteils wurde so vorbereitet. (Freud 1926a, S. 35)

Viel wurde in der Literatur gestritten, ob Freud aufgrund besonderer Empfindlichkeiten den Antisemitismus in Wien als Behinderung seiner Laufbahn realistisch eingeschätzt oder doch eher übertrieben erlebt habe. Als Gegenbeispiel wird Freuds späterer Freund und Förderer Josef Breuer genannt, der allem Anschein nach unbeeindruckt vom herrschenden Antisemitismus selbstverständlich sowohl Jude als auch einer der bekanntesten und beliebtesten Internisten Mitte/Ende des 19. Jahrhunderts in Wien gewesen ist.

Am Antisemitismus im katholischen Wien war nicht zu zweifeln. Zu viele Zeugnisse antisemitischer Vorurteile sind überliefert. Das Erleben antisemitischer Vorurteile als Einschränkung von Fortkommen, Berufswahl und Anerkennung ist jedoch subjektiv sehr unterschiedlich. Freuds Empfindung und Einschätzung waren die eines sehr sensiblen, aufmerksamen, klugen Beobachters der Verhältnisse in Wien, kaum eine der neurotisch motivierten Übertreibung. Im Gegenteil wurde schon früh von Bernfeld festgehalten, dass bereits das Kind Sigmund ein höheres libidinöses als aggressives Potential besaß, eine im Austausch mit seiner zu ihm zärtlichen Mutter früh ausgebildete psychische Fähigkeit, die ihn lebenslang auszeichnete und jene Phantasten widerlegt, die aus Freud einen strengen, andere Menschen hassenden, liebesunfähigen, gar sich selbst betrügenden und eventuell auch lügenden Menschen machen wollten.

Kurz: Freuds Auffassung über die Störungen seines Wohlbehagens im Rahmen des Studiums und seiner Karriere durch antisemitische Tendenzen scheint realistisch, seine Deutung, er habe hierdurch früh eine gewisse Unabhängigkeit seines Urteils erlangt, authentisch. Um so befriedigender war für ihn die Erfahrung der Wissenschaftlichkeit und Unbestechlichkeit seines großen Lehrers Ernst Brücke.

> Im physiologischen Laboratorium von Ernst Brücke fand ich endlich Ruhe und volle Befriedigung, auch die Personen, die ich respektieren und zu Vorbildern nehmen konnte ... Ich arbeitete an diesem Institut von 1876-1882 ... und galt allgemein als designiert für die nächste sich dort ergebende Assistentenstelle. Die eigentlich medizinischen Fächer zogen mich – mit Ausnahme der Psychiatrie – nicht an. Ich betrieb das medizinische Studium recht nachlässig, wurde auch erst 1881, mit ziemlicher Verspätung also, zum Doktor der gesamten Heilkunde promoviert. (Freud 1926a, S. 35)

Zu diesem Zeitpunkt war er also 25 Jahre alt, sehr jung für heutige Verhältnisse, aber alt für jene am Ende des 19. Jahrhunderts. Sigmund Freud hatte nämlich acht lange Jahre mit dem Studium verbracht. Er selbst fand sich »äußerst nachlässig«.

Brücke, sein über alles verehrter Lehrer, »korrigierte ... den großmütigen Leichtsinn« von Sigmund Freuds Vater, der darin bestanden hatte, dem begabten Sohn keine Beschränkungen bezüglich der Wahl eines ihm angenehmen und von ihm gewünschten Berufsweges aufzuerlegen. Ernst Brücke machte ihn nämlich auf seine geringen materiellen Ressourcen aufmerksam und riet, die nicht bezahlte wissenschaftliche Laufbahn aufzugeben, stattdessen eine einigermaßen gut dotierte Stelle in einem allgemeinen Krankenhaus anzunehmen.

Er begann dort, Falldarstellungen über organische Erkrankungen des Nervensystems zu veröffentlichen. Sie waren hoch anerkannt und brachten ihm den Zulauf amerikanischer Ärzte, denen er in einer »Art von Pidgin-English Kurse an den Kranken meiner Abteilung las« (ebd., S. 36). Im Alter von 29 Jahren wurde er für das Fach Neurologie habilitiert.

> Von den Neurosen verstand ich nichts. Als ich einmal meinen Hörern einen Neurotiker mit fixiertem Kopfschmerz als Fall von chronischer zirkumskripter Meningitis vorstellte, fielen sie alle in berechtigter kritischer Auflehnung von mir ab und meine vorzeitige Lehrtätigkeit hatte ein Ende. Zu meiner Entschuldigung sei bemerkt, es war die Zeit, da auch größere Autoritäten in Wien die Neurasthenie als Hirntumor zu diagnostizieren pflegten. (Freud 1926a, S. 37)

Im Anschluss an die Arbeit in der Abteilung des Dr. Scholz im Allgemeinkrankenhaus, über den er schrieb:

> Im hiesigen Krankenhaus hatte ich die Ehre, Jahre hindurch unter einem Primarius zu dienen, der längst fossil, seit Dezennien notorisch schwachsinnig, sein verantwortungsvolles Amt weiterführen durfte (Freud 1900, S. 678),

bewarb er sich um die Privatdozentur im Fach Neuropathologie. Am 13. Juni 1885 wurde Freud zu den mündlichen Prüfungen, am 20. Juni 1885 zur Probevorlesung zugelassen. Am 5. September wurde er Privatdozent an der Wiener Universität. Alles deutete darauf hin, dass er das anerkannte Mitglied seiner wissenschaftlichen Gemeinschaft bleiben würde, ein traditionell denkender und arbeitender Neurologe, der aufgrund seiner fachlichen Kompetenz unter seinen Kollegen Hochachtung erfuhr.

Die Reise zu Jean-Martin Charcot nach Paris

Freuds Studienreise nach Paris war sowohl für seine Persönlichkeitsentwicklung als auch für seine Arbeit von größter Bedeutung. Er wollte den berühmtesten Neurologen seiner Zeit aus der Nähe erleben: »In der Ferne leuchtete der große Name Charcot«, schreibt Freud in seiner *Selbstdarstellung* (1926a, S. 36).

Im Herbst 1885, als Stipendiat von seinen Lehrern Brücke und Meynert empfohlen, reiste Freud nach Paris. Er blieb dort bis zum Frühjahr 1886, unterbrochen von einem Weihnachtsurlaub bei seiner Braut Martha, der in den *Brautbriefen* (1988) vielfach angekündigt wird.

Zunächst war er an der Klinik der Salpetrière einer unter vielen; aber als er erfuhr, dass der deutsche Übersetzer der Arbeiten Charcots nach dem Krieg nichts mehr von sich hatte hören lassen, hatte er die Idee, sich als Ersatz anzubieten. Seine witzige Art, sowohl seine Fehler wie auch seine Leistungen zu kommentieren, öffnete Freud die Türe zu dessen persönlicher Bekanntschaft, nicht eben einfach bei dem schillernden und viel umschwärmten Mann. In seinem Bewerbungsschreiben benutzte er die Wendung, er »sei bloß mit der Aphasie motrice, aber nicht mit der Aphasie sensorielle du français behaftet« (Freud 1926a, S. 37). Charcot nahm ihn als Übersetzer an, »zog mich in seinen Privatverkehr und von da an hatte ich meinen vollen Anteil an allem, was auf der Klinik vorging« (ebd., S. 37). Der Studienaufenthalt bei Charcot prägte Freud nachhaltig. Er begann, in Richtung der hysterischen Neurosen seine Forschungsarbeit zu intensivieren. In seiner Selbstdarstellung schreibt er:

> Von allem, was ich bei Charcot sah, machten mir den größten Eindruck seine letzten Untersuchungen über Hysterie, die zum Teil noch unter meinen Augen ausgeführt wurden. Also der Nachweis über die Echtheit und Gesetzmäßigkeit der hysterischen Phänomene..., des häufigen Vorkommens der Hysterie bei Männern, die Erzeugung der hysterischen Lähmungen und Kontrakturen durch hypnotische Suggestion, das Ergebnis, daß diese Kunstprodukte dieselben Charaktere bis ins einzelne zeigen, wie die spontanen, oft durch Trauma hervorgerufenen Zufälle. (ebd.)

Bereits 1882 hatte sein väterlicher Gönner und Freund Josef Breuer Freud von einem Fall mit Hilfe einer von der Patientin selbst »erfundenen« »talking-cure« geheilten schweren Hysterie erzählt. Freud hatte sich damals vorgenommen, Charcot Mitteilung von Breuers Funden zu machen. Als er dies versuchte, fand er, aus welchen Gründen auch immer, kein Gehör. Letzten Endes war Charcot doch davon überzeugt, dass alle hysterischen Erkrankungen genetisch bedingt seien, damals hieß dies, hereditärer Natur seien. Dennoch konnte Sigmund Freud seiner Braut Martha aus Paris schreiben:

> ... ich glaube, ich verwandle mich sehr. Ich will Dir das einzeln erzählen, was auf mich einwirkt. Charcot, der einer der größten Ärzte, ein genial nüchterner Mensch ist, reißt meine Ansichten und Absichten einfach um. Nach manchen Vorlesungen gehe ich fort wie aus Notre Dame, mit neuen Empfindungen

> vom Vollkommenen. Aber er greift mich an; wenn ich von ihm weggehe, habe ich gar keine Lust mehr, meine eigenen dummen Sachen zu machen; ich bin jetzt drei Tage faul gewesen, ohne mir darum Vorwürfe zu machen. Mein Gehirn ist gesättigt wie nach einem Theaterabend. Ob die Saat einmal Früchte bringen wird, weiß ich nicht; aber daß kein anderer Mensch je ähnlich auf mich gewirkt hat, weiß ich gewiß. (Freud 1988, S. 122)

In diesem Brief ist – wie in vielen weiteren Selbstzeugnissen auch – deutlich sichtbar, wie begeisterungsfähig der junge Freud war, aber auch wie selbstkritisch, ambivalent, unsicher bezüglich der »dummen« Sachen, mit denen er sich beschäftigte, und unsicher auch über den weiteren Lebensweg. Sympathisch, könnte man sagen, weil wohl jeder Mensch diese Gefühle kennt. Ist ein Wissenschaftler erst einmal bekannt und berühmt, vergessen die meisten Menschen dessen bescheidene Anfänge.

Der Einfluss Charcots auf Freuds Lebensweg ist gar nicht zu überschätzen. Zeichen dafür gibt es auch außerhalb seiner Arbeit. Wenige Jahre nach seinem Parisaufenthalt gibt Freud seinem 1889 geborenen Sohn Charcots Vornamen: Jean-Martin. Lebenslang hing in Freuds Ordinationszimmer ein berühmtes Bild Charcots, das diesen während einer Präsentation hysterischer Symptome mit Blanche zeigt, einer der gefragtesten Hysterikerinnen in der Salpetrière. Sie wird auf dem Bild in einem Augenblick eines hysterischen Anfalls gezeigt, in hypnoidem Zustand.[2]

Als Freud von Paris zurückkehrte, durfte er, nach fünf Jahren Wartezeit, endlich seine Braut Martha heiraten. Er ließ sich als Nervenarzt in Wien nieder und begann die Auseinandersetzungen mit seinen Fachkollegen um seine Auffassung der hysterischen Neurosen.

Das erste Werk, von welchem an der Beginn der Psychoanalyse allgemein datiert wird, veröffentlichte Sigmund Freud im Jahr 1895 zusammen mit seinem Freund und Kollegen Josef Breuer. Auf diese *Studien über Hysterie*, die erste der psychoanalytischen Publikationen Sigmund Freuds, soll im nächsten Kapitel ausführlicher eingegangen werden.

---

2 Neuerdings hat Elmquist, bekannter schwedischer Autor historischer Romane, die Gestalt der Blanche und mit ihr Jean-Martin Charcot in einem phantasievollen Roman zu verewigen gesucht: Olav Elmquist, *Das Buch von Blanche und Marie*, Reinbek 2005 (Rowohlt).

2. Kapitel

Die Anfänge der Psychoanalyse – Ohne Geschichte keine Zukunft

Bald nach der Niederlassung als Neurologe in Wien stellten sich ihm unüberwindlich scheinende Hindernisse in den Weg, welche ein Rätsel nicht nur für Freud, sondern auch für die damalige medizinische Welt waren. Eines dieser Rätsel war, dass zahlreiche Patienten »unerlöst«, wie Freud sagte, von einem Arzt zum anderen liefen. Sie wurden trotz großer Bemühungen der behandelnden Spezialisten nicht gesund, und keiner der Fachärzte für Innere Medizin und Neurologie konnte diesen Menschen helfen. Sie litten an unklaren, diffus über den ganzen Körper verteilten Schmerzen, an Lähmungen, an merkwürdigen Stimmungen, an Husten, an Nahrungsverweigerung, für die sich aber keine organische Ursache finden ließ.

Mit der Zeit verstärkte sich die Vermutung Freuds, dass auch die bizarrsten Symptome wie ständiges Händewaschen ohne Grund, niedergedrückte Stimmungen, merkwürdige Phantasien, deren Herkunft den sie Empfindenden völlig unverständlich war, große Unsicherheit im Umgang mit anderen Menschen, Ängste aller Art, Lähmungen der Gliedmaßen, Sprachverlust, Schreianfälle und andere merkwürdige Symptome, keine organische Begründung hatten, sondern ihre Ursache in anderen Quellen haben mussten.

Während seines Studienaufenthaltes in Paris bei Martin Charcot hatte Sigmund Freud gelernt, dass Hysterien mittels der Suggestion zu erzeugen waren, also keine im engeren Sinne organische oder erbliche Erkrankung darstellten. Mit dieser in seinen Augen sensationellen Neuigkeit war er nach Wien zurückgereist und hatte vor der Gesellschaft der Wiener Ärzte die Ergebnisse Charcots, unter anderem auch die Existenz männlicher Hysterie, referiert – wie er selbst glaubte, ohne die Zustimmung seiner Kollegen zu finden.

Zu Beginn seiner Bemühungen, über die klassische Neurologie und ihren bis dahin erreichten Wissensstand hinaus zu forschen, hatte er vor allen anderen Kollegen insbesondere einen Lehrer und Freund, der ihm in jeder Hinsicht half: den schon erwähnten Josef Breuer, berühmter Internist in der an bekannten Internisten reichen Stadt Wien, 20 Jahre älter als Sigmund Freud, sehr erfahren und ausgestattet mit einer großen Klientel, von der er an seinen jungen und in seinen Augen begabten Freund gerne Patienten abgeben wollte.

Auch er hatte vor seiner Niederlassung an der Universität Wien gearbeitet. Auch er war an der Aufdeckung der Ursachen für die zahlreichen, Mitte des 19. Jahrhunderts gehäuft auftretenden Symptome interessiert, wie sie die vielen Hysterikerinnen in Wien und Umgebung zeigten. Meist stammten diese Patientinnen aus der mittleren und oberen Oberschicht des Habsburger Reiches.

Josef Breuer hatte Anna O. noch vor Sigmund Freuds Reise zu Charcot behandelt und ihm ausführlich davon erzählt.

Das psychische Elend der Frauen im 19. Jahrhundert

Die Situation der Frauen im 19. Jahrhundert in Europa, in Deutschland, Frankreich, dem Habsburgerreich ebenso wie im viktorianischen England war in vieler Hinsicht beklagenswert. Die Dichter der Zeit beschreiben die Situation der Frauen als eine eingeengte. Ihre Weiblichkeit wurde überbetont und damit zur Karikatur. Frauen waren zunächst abhängig von ihrem Vater, dann von ihrem Ehemann. Die Frauen im Europa des 19. Jahrhunderts durften keinen Beruf erlernen, sie hatten keinen Zugang zu Universitäten, waren damit fast immer finanziell abhängig. Sie durften weder sexuelle Gefühle haben, noch gar zum Ausdruck bringen. Sie waren auf Passivität, Zuhören, Ausharren, Warten eingestellt und hatten so gut wie keine Möglichkeit, ihren eigenen Lebensweg zu bestimmen. Diese Situation brachte großes Leid mit sich, das in den Novellen, Romanen und Dramen des 19. Jahrhunderts oft den zentralen Inhalt darstellt. *Effie Briest* von Theodor Fontane ist ein bekanntes Beispiel, ein anderes das Drama *Nora* von Henrik Ibsen, das das Leben einer jungen Frau in einem »Puppenhaus« beschreibt.

Insbesondere Arthur Schnitzler gelang es, mit seinen Novellen die Situation der bürgerlichen Frauen überzeugend zu beschreiben. So stellen Schnitzlers Arbeiten *Therese, Chronik eines Frauenlebens* oder *Fräulein Else* die Bedingungen eines Frauenlebens in der Stadt Wien auf ergreifende Weise dar; nicht zuletzt weist Arthur Schnitzler überzeugend in diesen Arbeiten auf den üblichen, von Doppelmoral geprägten Umgang mit Sexualität hin.

Auch die Situation der Männer im 19. Jahrhundert war nicht nur beneidenswert: Am Beispiel von Sigmund Freud, der seine Braut Martha nach einer Wartezeit von fünf Jahren erst dann heiraten durfte, als er genügend Geld für den Unterhalt einer Familie verdienen konnte, wird deutlich, dass die Arbeitsteilung, wie sie damals üblich war, den Mann nicht nur begünstigte. Sehr groß war dessen Verantwortung. Heiraten war erst möglich, wenn die Berufsausbildung abgeschlossen war, und das war häufig spät. Für viele Menschen war eine Heirat aus finanziellen Gründen ganz ausgeschlossen. In Europa gab es vor mehr als 100 Jahren zahlreiche unverheiratete Onkel und Tanten, die ihr Leben bei Geschwistern, Nichten und Neffen verbrachten, nicht immer selbst gewählt.

Der Schriftsteller Stefan Zweig schildert die Mode der Zeit, die neben dem optischen Ideal auch Aufschluss über erwünschte Charakteristika des Idealbildes von Männern und Frauen in der jeweiligen Zeit gibt, wie folgt:

> Schon die Männermode der hohen steifen Kragen, der »Vatermörder«, die jede lockere Bewegung unmöglich machten, der schwarzen, schweifwedelnden Bratenröcke und der an Ofenröhren erinnernden Zylinderhüte fordert zur Heiterkeit heraus, aber wie erst die »Dame« von einst in ihrer mühseligen und gewaltsamen... die Natur vergewaltigenden Aufmachung! In der Mitte des Körpers wie eine Wespe abgeschnürt, durch ein Korsett aus hartem Fischbein, den Unterkörper wiederum weit aufgebauscht zu einer riesigen Glocke, den Hals hoch verschlossen bis an das Kinn, die Füße bedeckt bis hart an die Zehen, das Haar mit unzähligen Löckchen und Schnecken und Flechten aufgetürmt, unter einem majestätisch schwankenden Hutungetüm, die Hände selbst im heißesten Sommer in Handschuhe gestülpt, wirkt dies heute längst historische Wesen »Dame« trotz des Parfums, das seine Nähe umwölkte, trotz des Schmucks, mit dem es beladen war, und der kostbaren Spitzen, der Rüschen und Behänge, als ein unseliges Wesen von bedauernswerter Hilflosigkeit. Auf den ersten Blick wird man gewahr, daß eine Frau, einmal in eine solche Toilette verpanzert wie ein Ritter in seine Rüstung, nicht mehr frei, schwunghaft und grazil sich bewegen konnte, daß jede Bewegung, jede Geste, und in weiterer Auswirkung ihr ganzes Gehabe in solchem Kostüm künstlich, unnatürlich, widernatürlich werden mußte. Aber dieser Unsinn hatte einen geheimen Sinn. Die Körperlinie einer Frau sollte durch solche Manipulationen so völlig verheimlicht werden, daß selbst der Bräutigam beim Hochzeitsmahl nicht im entferntesten ahnen konnte, ob seine künftige Lebensgefährtin gerade oder krumm gewachsen war, füllig oder mager, kurzbeinig oder langbeinig; diese »moralische« Zeit betrachtete es auch keineswegs als unerlaubt, zum Zwecke

der Täuschung und zur Anpassung an das allgemeine Schönheitsideal künstliche Verstärkungen des Haars, des Busens oder anderer Körperteile vorzunehmen... im Grunde diente die Mode... doch nur der allgemeinen Moraltendenz der Zeit, deren Hauptsorge das Verdecken und Verstecken war. (Stefan Zweig 1978, S. 74f.)

Diese modischen Anforderungen an die Frauen des 19. Jahrhunderts waren nicht die Ursache für hysterische Erkrankungen, sondern deren Begleiterscheinung. Sie zeigen etwas von der Unterdrückung der Frauen und damit eine der Entstehungsbedingungen für psychische Erkrankungen.

Mit Anna O. begann die psychoanalytische Behandlungspraxis

Joseph Breuers Patientin Anna O., später als Berta Pappenheim »enttarnt«, war zur Zeit ihrer Erkrankung 21 Jahre alt. Sie stammte aus einer wohlhabenden gutbürgerlichen Wiener Familie. Ihr Leiden begann mit der Pflege ihres kranken Vaters im Jahr 1880. Anna liebte ihren Vater leidenschaftlich. Sie widmete sich dessen Pflege so intensiv, dass sie schließlich selbst krank wurde. Sie litt an Blutarmut, Ekel vor Nahrungsaufnahme und bekam einen starken Husten, weswegen der Hausarzt der Familie, Josef Breuer, sie erstmals untersuchen musste. Er diagnostizierte, dass Annas Husten ein typischer »Tussis nervosa«, ein nervöser Husten also, sei. Zusätzlich stellte sich ein Strabismus (starkes Schielen) ein. Mitte Dezember 1880 wurde die Patientin, der man längst die Pflege ihres kranken Vaters untersagt hatte, selbst bettlägerig und sie blieb es bis zum April 1881.

Josef Breuer beschrieb ihre Symptome, die nacheinander »anscheinend ganz frisch« auftraten, wie folgt: linksseitiger Hinterkopfschmerz, Strabismus convergens (d. h. die Augen verdrehten sich schielend nach innen), das Gefühl, Wände würden auf sie hinabstürzen, Sehstörungen, Lähmungen der vorderen Halsmuskulatur (so konnte die Patientin ihren Kopf nur noch bewegen, indem sie ihn zwischen ihre beiden Schultern zog und den gesamten Rücken mit drehte), Kontrakturen der Extremitäten, Gefühllosigkeit in allen Gliedmassen.

Außer an diesen körperlichen Symptomen litt die Patientin an zwei ganz verschiedenen psychischen Zuständen. In dem einen erkannte sie ihre Umgebung, war aber ängstlich und verstimmt, sonst ganz normal. In dem anderen wurde sie wütend, schimpfte und warf mit Kissen um sich, machte den Personen ihrer Umgebung schlimme Vorwürfe. Sie halluzinierte unter anderem schwarze Schlangen, als welche ihr ihre Haare erschienen.

Das wahrscheinlich schlimmste ihrer Symptome war der Sprachzerfall. Zunächst fehlten ihr nur einige Worte, dann verlor ihre Sprache jede Grammatik und jede Struktur. Schließlich fehlten ihr fast alle Worte. Sie suchte sie aus drei oder vier Sprachen zusammen, die sie als gebildetes Mädchen gelernt hatte, und sprach für ihre Umgebung ein unverständliches Kauderwelsch. Schließlich sprach sie wochenlang nur Englisch. Ihre Wärterin verstand sie nicht und wurde deshalb von Anna beschimpft. Ihrem Arzt Josef Breuer, der sie fast täglich besuchte, schenkte sie keinerlei Glauben, als er ihr mitteilte, dass sie in einer der Wärterin fremden Sprache gesprochen habe. Zu dieser Zeit verstand sie aber noch ihre Deutsch sprechende Umgebung. Wenn es ihr etwas besser ging, benutzte sie die französische oder italienische Sprache. Endlich fühlte sie sich etwas gesünder und konnte am ersten April 1881 aus ihrem Bett aufstehen.

Dann starb am 5. April Annas Vater. Ein schlimmeres Ereignis hätte sie nicht treffen können. Nach schrecklicher Aufregung wurde sie völlig starr und verharrte zwei Tage lang in dieser Starrheit. Danach war sie völlig verändert: ruhiger und anscheinend ohne Angst; aber sie erkannte ihr nahe stehende Personen nicht mehr und litt an Gesichtsfeldeinengung. Sie verstand nur noch Englisch, und ihrer Wärterin blieb nichts anderes übrig, als sich in dieser Sprache zurecht zu finden. Wenn sie las, dann nur in französischer oder italienischer Sprache; sollte sie das Gelesene vortragen (wie Breuer es wohl aus Testzwecken von ihr verlangte), dann übersetzte sie den gesamten Text in fließendes Englisch. Nur die deutsche Sprache kam nicht mehr vor. Sie verweigerte nun auch jede Nahrung. Nur einer durfte sie füttern: Josef Breuer. Er war auch der einzige Mensch, den sie immer erkannte.

Breuer musste nun ein paar Tage verreisen. Deshalb versuchte er, seine Patientin einem Kollegen und Freund anzuvertrauen. Aber diese Methode sollte sich nicht bewähren. Als Breuer von seiner Reise zurückkehrte, fand er seine Patientin in miserablem Zustand vor: Sie hatte Halluzinationen, sah Totenköpfe, Gerippe und andere Schreckgestalten. Sie war voller Angst und Entsetzen. Breuer war ihr einziger Halt. Er hatte die Liebe zu ihrem Vater »geerbt«, er allein konnte in den Augen Anna O.s ihr Leid lindern.

Im Nachhinein wird die Bedeutung der »Bindung« (Bowlby) und der »Übertragung« (Freud) an ihren Therapeuten deutlich, ohne dass dies dem behandelnden Arzt Josef Breuer damals hätte bewusst werden können.

Wenn Anna zu Breuer über die sie ängstigenden Bilder und Phantasien sprechen konnte, wurde sie klarer, konnte malen und zeichnen und ging ruhig zu Bett. Am nächsten Morgen begann der gesamte Spuk von vorn. Trotz manch klarer Momente wurde ihr Zustand immer schlechter: Sie wurde suizidgefährdet und deshalb in ein für sie ungefährlicheres Landhaus in der Nähe von Wien gebracht. Sie litt auch dort an schrecklichen seelischen Zuständen, zerschlug Türen und Fenster und litt an schlimmen Halluzinationen. »Die Angst«, sagte Breuer, »stand im Vordergrund.« (Breuer/Freud 1985, S. 74) Aber der Arzt gab nicht auf. Nach einer Weile der täglichen Behandlung konnte Anna wieder nach Wien ziehen. Hier wurde ihre Behandlung mit Hilfe der Hypnose, damals einem der üblichen Mittel der psychotherapeutischen Behandlung, fortgeführt.

Mit der Zeit beobachtete Breuer, dass die Methode des einfachen Aussprechens den größten Effekt hatte. Anna selbst hatte diese scherzhaft »talking cure« und »chimney-sweeping« genannt. Wenn die Ursache der Entstehung eines der vielen hysterischen Symptome Annas »weggeredet« werden konnte, dann blieb diese auch in Zukunft verschwunden. Anna verstand die Regel und gab sich Mühe, die Erinnerung bis zurück an das Krankenbett ihres Vaters zu verfolgen. Schließlich spielte sie die gesamte traumatische Szene im Zimmer ihres Vaters nach bis zu dem Moment, von dem an sie nur noch hatte Englisch sprechen können. Dieses Symptom war in einem Augenblick allergrößter Angst um den Vater entstanden. Sie hatte deshalb beten wollen, aber es fiel ihr nichts ein, bis sie sich in ihrer Angst an ein englisches Kindergebet erinnerte, das sie wiederholte. Von dem Augenblick an war ihr die englische Sprache wohl zur Sprache des Trostes geworden.

Breuer behandelte Anna weiter mit der von ihr selbst erfundenen Methode. Sie konnte Wien für längere Zeit verlassen. Später, so schreibt Breuer, sei sie frei von allen Störungen gewesen und habe sich völliger Gesundheit erfreut. Zwar heiratete Anna O. nie. Vermutlich wurde ihre Bindung an den Vater nicht gelöst. Aber sie wurde wegen ihrer schriftstellerischen Tätigkeit und wegen ihres sozialen und politischen Engagements in der ersten bürgerlichen Frauenbewegung über die Grenzen Wiens bekannt und beliebt und führte vermutlich ein befriedigendes Leben.

So weit die von Josef Breuer in den *Studien über Hysterie* im Jahr 1895 veröffentlichte Krankengeschichte. Sie erweckt den Eindruck, so der Tübinger Medizinhistoriker Hirschmüller, »als sei mit dem 7. Juni 1882 die Therapie beendet worden und die Patientin, aller Symptome ledig, aus Wien abgereist«.

Die von Hirschmüller ausgewerteten Dokumente zeigen aber, dass Anna O. bis zum 19. Juni in der Behandlung bei Josef Breuer war und dass dieser der Meinung war, sie bedürfe »zur Morphiumentwöhnung (die aufgrund der Behandlung ihrer äußerst schmerzhaften Trigeminusneuralgie entstanden war) und zur Beseitigung ihrer Psychosenreste« einer Anstaltsbehandlung (Hirschmüller 1978, S. 170).

Die Patientin wurde im Herbst 1882 im Sanatorium Bellevue in Kreuzlingen aufgenommen. Dort wurde sie wegen ihrer Trigeminusneuralgie und ihrer Morphiumabhängigkeit behandelt. Danach wurde sie zwischen 1883 und 1887 jeweils einige Monate im Sanatorium in Inzersdorf bei Wien stationär behandelt, jeweils mit der Diagnose »Hysterie« (Hirschmüller 1978, S. 156):

> Mit all dem ist bewiesen, daß Bertha in der Tat noch Jahre nach Breuers Behandlung um ihre Gesundheit gerungen hat ... Außerdem ist klar ... daß Breuer über die weitere Entwicklung seiner Patientin orientiert war: aus Berichten befreundeter Ärzte, aus eigener Anschauung (1884 hat er sie offenbar in Inzersdorf besucht), und später wahrscheinlich aus Mitteilungen ihres Bruders, mit dem er noch jahrelang in Kontakt war. Er hat also in voller Klarheit der wenig befriedigenden Entwicklung nach dem Abschluß seiner Behandlung die Darstellung in den Studien geschrieben, die den Eindruck einer vollständigen Genesung seiner Patientin erweckt.... Will man Breuer nicht unlautere Motive unterstellen, so bleibt meines Erachtens als einzig mögliche Erklärung hierfür, daß er keinen Zusammenhang zwischen der schweren Neuralgie und den übrigen Symptomen gesehen hat und deshalb davon ausging, daß die einer Psychotherapie zugänglichen Teile der Hysterie durch seine Behandlung weitgehend beseitigt wurden. Seine vorsichtige, nichts verabsolutierende Theorie ist Ursache und Folge dieser Haltung zugleich. (Hirschmüller 1978, S. 157)

Josef Breuer, obgleich er die neue Methode der »talking-cure«, von deren Wirksamkeit er aufgrund der Erfahrung mit Anna O. überzeugt war, angewandt hatte, führte eine solche Behandlung nie mehr durch. Sie war ihm buchstäblich zu heiß geworden. Irgendwann spürte er, dass die Beziehung zwischen ihm und Bertha Pappenheim weit mehr war als nur die zwischen Arzt und Patientin in der üblichen Art und Weise. Er konnte die persönlichen Gefühle eines Mädchens und seine eigenen komplementären noch nicht als Teil seiner Bemühung um die Heilung einer Krankheit erkennen. Zu sehr war Wissenschaft im 19. Jahrhundert dem naturwissenschaftlichen Weltbild verpflichtet, das besagte, dass persönliche Gefühle eines Menschen im Rahmen einer ärztlichen Behandlung nichts zu suchen hätten.

Erst Sigmund Freud hat uns die subjektiven Emotionen als Teil objektiver Erkrankungen und objektiver Heilungsprozesse sehen gelehrt. Er scheute sich nicht, jene intensiven Gefühle der Übertragung und Gegenübertragung, wie er diese nannte, fruchtbar zu machen für den psychoanalytischen Prozess. Aber dies geschah wesentlich später und war auch bei Sigmund Freud trotz seines Mutes zur wissenschaftlichen Grenzüberschreitung, trotz seines in vieler Hinsicht radikalen Denkens, von vielen Skrupeln begleitet. Die Geschichte der Anna O. wurde zum ersten psychoanalytischen Fall. Sie enthält trotz ihres nicht nur glücklichen Endes alle Elemente eines spannenden Experimentes der Forschung.

Hirschmüller erzählt eine der Geschichten, die Bertha Pappenheim verfasst hat. Diese wirft ein Licht auf ihr Gefühlsleben, das damals noch nicht einer »Erlösung« zugeführt werden konnte. Die gewählten Natur-Symbole von Schnee, Wasser, Weiher, Kälte und Einsamkeit vermitteln sich dem Leser als der Ausdruck ihres Traumas: Einer »Weihernixe« ist es bei schwerer Strafe verboten, »ihren Teich zu verlassen. Darüber wacht ein in Stein gehauener, boshaft grinsender Kopf. Als aus einem der gegenüberliegenden Häuser Tanzmusik klingt, fühlt sich die Nixe davon »mit unwiderstehlicher Gewalt angezogen und verlässt, »von einem Bündel Schilf vor den Augen ihres Beobachters geschützt«, ihren Teich, um zum Tanzsaal zu gehen. Dort findet sie einen Tänzer.

> Es war ein großer, schöner Mann; ein langer Bart umrahmte sein Gesicht und tief dunkelblaue Augen sprachen aus demselben von Liebe und Güte. Sie blickte nicht auf. Er umfaßte sie, und dahin rasten sie nach den Weisen und Tönen, die ihrem Ohr berauschender und berückender klangen denn je. Ob er wohl wußte, mit wem er tanzte?! Ob er wußte, daß sie dem kalten, unnahbaren Elemente angehöre, daß sie nicht straflos verlassen durfte?! Sie hatten lange getanzt, wortlos geruht, sich immer neuerdings in den Reigen gestürzt, bis die Zahl der Paare sich verringerte und die Musik endlich verstummte. Als das Nixchen wieder in der Nähe des Wintergartens war, da wollte es sich ein Herz fassen und seinem Tänzer danken. Sie blickte auf zu ihm, während sie schüchterne Worte sagen wollte – da sah er, daß sie grüne Augen hatte, Augen so grün, wie das Schilf am Weiher. Da fuhr ein Schaudern durch den Mann, und er wandte sich ab, denn er wußte, mit wem er getanzt hatte und das Nixchen wußte, nun war es vorbei. Sie kehrt zum Teich zurück, doch der ist zugefroren. Der steinerne Kopf lacht höhnisch, als sie sich am Rand des Weihers niederlegt. Schnee deckt sie zu. Als nach Wochen endlich die Sonne

Kraft gewann, und die Schneedecke fortschmolz, da sah der steinerne Kopf am Brunnen ein zartes Pflänzchen, das bei dem Stein am Weiher hervorgrünte: ein Schneeglöckchen. (Bertha Pappenheim, um 1888, zit. nach Hirschmüller 1978, S. 166/167)

Hirschmüller stellt die Frage, ob es »gewagt« sei, an Berthas Sehnsucht nach der Tanzmusik während der Krankenpflege ihres Vaters zu denken und daran, dass die Geschichte wohl eine literarische Bewältigung der Trennung von Breuer und auch ihrem Vater sei, der diesem wohl ähnlich gewesen sei.

Es fällt auf, wie versteinert, erstarrt, zurückgenommen Bertha in ihrem Leben nach dem Tod ihres Vaters gewesen sein muss. Nach der Trennung von Josef Breuer, die von beiden Seiten nicht ganz freiwillig war, erlebte sie ihre Verlassenheit von neuem. Heute würden wir sagen, dass der psychoanalytische Prozess mit der Liebesübertragung Bertha Pappenheims erst angefangen habe, die Gegenübertragung Josef Breuers die aus vielen Gründen zu erwartende Antwort auf ihre Übertragung war, die er damals aber noch nicht behandlungstechnisch verwenden konnte. Aber die Entdeckungen der Gesetzmäßigkeiten des Psychischen standen erst am Anfang, und Breuer zog sich erschreckt über die Wucht seiner Gefühle nach der zusammen mit Sigmund Freud geleisteten Abfassung des später weltberühmten Buches *Studien über Hysterie* (1895) von dieser Art des Heilens und Forschens für immer zurück.

Sigmund Freud versuchte, die Erfahrungen mit der Patientin Anna O. und anderer Hysterikerinnen zu systematisieren. Denn nach wie vor waren die größten Rätsel ungelöst, die entscheidenden Fragen nicht beantwortet.

Das Mädchen Katharina

Auch die Geschichte von Katharina ist nachzulesen in Breuers und Freuds erster Veröffentlichung zur Psychoanalyse, in den *Studien über Hysterie* (1895). Im Gegensatz zu der Geschichte von Anna O. handelt es sich hier um ein Erlebnis Sigmund Freuds in seinen Ferien. Und, selten genug, Katharina war eine einfache Frau, für die nicht »naturalia turpia« waren, wie Freud sich ausdrückte. Damit meinte er, dass natürliche Gefühle und Eigenschaften wie Sexualität für Katharina keine »Schändlichkeiten« waren, wie sie dies für seine »Damen in der Stadtpraxis« darstellten. Sigmund Freud war Katharina deshalb sehr dankbar. Aber hören wir ihn selbst:

> In den Ferien des Jahres 189* machte ich einen Ausflug in die Hohen Tauern, um für eine Weile die Medizin und besonders die Neurosen zu vergessen. Es war mir fast gelungen, als ich eines Tages von der Hauptstraße abwich, um einen abseits gelegenen Berg zu besteigen, der als Aussichtspunkt und wegen seines gut erhaltenen Schutzhauses gerühmt wurde. Nach anstrengender Wanderung oben angelangt, gestärkt und ausgeruht, saß ich dann, in die Betrachtung einer entzückenden Fernsicht versunken, so selbstvergessen da, daß ich es erst nicht auf mich beziehen wollte, als ich die Frage hörte: »Ist der Herr ein Doktor?«
> Die Frage galt aber mir und kam von dem etwa 18-jährigen Mädchen, das mich mit ziemlich mürrischer Miene zur Mahlzeit bedient hatte und von der Wirtin »Katharina« gerufen worden war. Nach ihrer Kleidung und ihrem Betragen konnte sie keine Magd, sondern mußte wohl eine Tochter oder Verwandte der Wirtin sein.

Sigmund Freud stellt sich, nach kurzer Besinnung, auf die neugierige Fragerin ein. Er hatte diese, ohne sonderlich darauf zu achten, auch schon während seiner Mahlzeit beobachtet, sonst wäre ihm der Gesichtsausdruck des Mädchens nicht im Gedächtnis geblieben.

> Ich antwortete, zur Selbstbesinnung gelangt: »Ja, ich bin ein Doktor. Woher wissen Sie das?«
> »Der Herr hat sich ins Fremdenbuch eingeschrieben, und da hab' ich mir gedacht, wenn der Herr Doktor jetzt ein bißchen Zeit hätte –, ich bin nämlich nervenkrank und war schon einmal bei einem Doktor in L..., der hat mir auch etwas gegeben, aber gut ist mir noch nicht geworden.«
> Da war ich also wieder in den Neurosen, denn um etwas anderes konnte es sich bei dem großen und kräftigen Mädchen mit der vergrämten Miene kaum handeln. Es interessierte mich, daß Neurosen in der Höhe von über 2000 Metern so wohl gedeihen sollten, ich fragte also weiter. (Freud 1895, S. 144)

Statt Ablehnung und Zurückweisung zeigt Freud Neugier und Humor, statt Bestehen auf seinen wohlverdienten Ferien ein verständnisvolles Eingehen auf die Nöte des Mädchens. Freud gibt im Anschluss an die ersten Fragen des Mädchens »die Unterredung so wieder, wie sie sich meinem Gedächtnisse eingeprägt hat, und lasse der Patientin ihren Dialekt«.

> »An was leiden Sie denn?«
> »Ich hab' so Atemnot, nicht immer, aber manchmal packt's mich so, daß ich glaub', ich erstick'.«

Das klang nun zunächst nicht nervös, aber es wurde mir gleich wahrscheinlich, daß es nur eine ersetzende Bezeichnung für einen Angstanfall sein sollte. Aus dem Empfindungskomplex der Angst hob sie das eine Moment der Atembeklemmung ungebührlich hervor.
»Setzen Sie sich her. Beschreiben Sie mir, wie ist denn so ein Zustand von Atemnot?«
»Es kommt plötzlich über mich. Dann legt's sich zuerst wie ein Druck auf meine Augen, der Kopf wird so schwer und sausen tut's, nicht auszuhalten, und schwindlig bin ich, daß ich glaub', ich fall' um, und dann preßt's mir die Brust zusammen, daß ich keinen Atem krieg.«
»Und im Halse spüren Sie nichts?«
»Den Hals schnürt's mir zusammen, als ob ich ersticken sollt'.«
»Und tut es sonst noch was im Kopfe?«
»Ja, hämmern tut es zum Zerspringen.«
»Ja, und fürchten Sie sich gar nicht dabei?«
»Ich glaub' immer, jetzt muß ich sterben, und ich bin sonst couragiert, ich geh' überall allein hin, in den Keller und hinunter über den ganzen Berg, aber wenn so ein Tag ist, an dem ich das hab', dann trau' ich mich nirgends hin, ich glaub' immer, es steht jemand hinter mir und packt mich plötzlich an.« (ebd.)

Diese Geschichte wird aus mehreren Gründen ausführlich zitiert, wobei das Zitieren nicht die eigene Lektüre ersparen soll. Vollständig kann ich sie hier ohnehin nicht darstellen, aber ich kann »Appetit wecken« auf Freuds Krankengeschichten, die sich »wie Novellen« lesen. Denn diese Geschichte, vor mehr als hundert Jahren verfasst, ist hoch aktuell: Fast genauso wie Katharina könnte ein Mädchen heute in die Therapie kommen und über einen an ihr verübten Missbrauchs sprechen. Die Symptomatik ist nicht veraltet. Doch folgen wir weiter der Aufklärungsarbeit Freuds:

»Denken Sie was, immer dasselbe, oder sehen Sie was vor sich, wenn Sie den Anfall haben?«
»Ja, so ein grausliches Gesicht seh' ich immer dabei, das mich so schrecklich anschaut, vor dem fürcht' ich mich dann.«
Da bot sich vielleicht ein Weg, rasch zum Kerne der Sache vorzudringen.
»Erkennen Sie das Gesicht, ich mein', ist das ein Gesicht, was Sie einmal wirklich gesehen haben?« »Nein.«
»Wissen Sie, woher Sie die Anfälle haben«? – »Nein.« – »Wann haben Sie die denn zuerst bekommen?« – »Zuerst vor zwei Jahren, wie ich noch mit der Tant' auf dem andern Berg war, sie hat dort früher das Schutzhaus gehabt, jetzt sind wir seit elfeinhalb Jahren hier, aber es kommt immer wieder.« (S. 145)

Katharina macht es denn doch Freud nicht so leicht, dass sie bereits weiß, woher ihre Anfälle kommen. Diese sind bezüglich ihrer Herkunft unbewusst, und Freud muss sich noch etwas Mühe geben, um herauszubekommen, wie die Dinge zusammenhängen könnten. So fragt er sich selbst:

> Sollte ich hier einen Versuch der Analyse machen? Die Hypnose zwar wagte ich nicht in diese Höhen zu verpflanzen, aber vielleicht gelingt es im einfachen Gespräche. Ich mußte glücklich raten. Angst bei jungen Mädchen hatte ich so oft als Folge des Grausens erkannt, das ein virginales Gemüt befällt, wenn sich zuerst die Welt der Sexualität vor ihm auftut.
> Ich sagte also: »Wenn Sie's nicht wissen, will ich Ihnen sagen, wovon ich denke, daß Sie Ihre Anfälle bekommen haben. Sie haben einmal, damals vor zwei Jahren, etwas gesehen oder gehört, was Sie sehr geniert hat, was Sie lieber nicht möchten gesehen haben.«
> Sie darauf: »Jesses ja, ich hab' ja den Onkel bei dem Mädel erwischt, bei der Franziska, meiner Cousine!«
> »Was ist das für eine Geschichte mit dem Mädel? Wollen Sie mir die nicht erzählen?«
> »Einem Doktor darf man ja alles sagen.« (ebd., S. 146)

Und nun erzählt Katharina, dass sie damals die Franziska einer zu erledigenden Arbeit wegen gesucht und nicht gefunden hat. Schließlich fand sie den Onkel und die Franziska im Zimmer vom Onkel, das abgesperrt war. Der Onkel lag auf der Franziska – und als Katharina das sah, wurde es ihr furchtbar schlecht und sie bekam die Atemnot. Kurz darauf, obgleich sie sich mit viel Arbeit abzulenken versuchte, wurde es ihr wieder schlecht und ihr wurde schwindlig und sie erbrach sich »und hab' drei Tage fort und fort gebrochen« (ebd., S. 147).

Freud möchte nun wissen, was sie denn noch gesehen habe und warum ihr so schlecht wurde. Er fordert sie also auf, einfach weiter zu erzählen, was ihr einfiele, »in der sicheren Erwartung, es werde ihr gerade das einfallen, was ich zur Aufklärung des Falles brauchte« (ebd., S. 148).

Katharina fällt auch wirklich etwas ein: Dass der »Onkel« nämlich, weitere zwei Jahre früher, als sie also 14 Jahre alt war, auf einer Reise ihr selbst sexuell nachgestellt habe. Das ganze wiederholte sich, als er einmal betrunken war. Sie konnte sich jedes Mal retten, indem sie ihn zurechtwies, aber »gedacht hab' ich mir gar nichts dabei«.

Freud hat nun diese »beiden Reihen« von Erzählungen gehört und Katharina ...

> ... ist wie verwandelt, das mürrische, leidende Gesicht hat sich belebt, die Augen sehen frisch drein, sie ist erleichtert und gehoben. Mir aber ist unterdes das Verständnis des Falles aufgegangen; was sie mir zuletzt anscheinend ganz planlos erzählt hat, erklärt vortrefflich ihr Benehmen bei der Szene der Ent-

> deckung. Sie trug damals zwei Reihen von Erlebnissen mit sich, die sie erinnerte, aber nicht verstand, zu keinem Schlusse verwertete; beim Anblick des koitierenden Paares stellte sie sofort die Verbindung des neuen Eindruckes mit diesen beiden Reihen von Reminiszenzen her, begann zu verstehen und gleichzeitig abzuwehren. Dann folgte eine kurze Periode der Ausarbeitung, »der Inkubation«, und darauf stellten sich die Symptome der Konversion, das Erbrechen als Ersatz für den moralischen und physischen Ekel ein. Das Rätsel war damit gelöst, sie hatte sich nicht vor dem Anblicke der beiden geekelt, sondern vor einer Erinnerung, die ihr jener Anblick geweckt hatte, und alles erwogen, konnte dies nur die Erinnerung an den nächtlichen Überfall sein, als sie den Körper des Onkels spürte. (ebd., S. 149)

Freud teilt Katharina sein vorläufiges Verständnis der Geschichte mit und fragt sie, was sie denn nun damals selbst »gespürt« habe? Aber Katharina sagt es nicht:

> ... sie lächelt verlegen und wie überführt, wie einer, der zugeben muß, daß man jetzt auf den Grund der Dinge gekommen ist, über den sich nicht mehr viel sagen läßt ... ich bin ihr ohnehin Dank dafür schuldig, daß sie so viel leichter mit sich reden läßt als die prüden Damen in meiner Stadtpraxis, für die alle naturalia turpia sind. (ebd., S. 150)

Nachdem Freud mit Katharina noch geklärt hat, dass das »grausliche Gesicht«, vor welchem sie sich so sehr gefürchtet hat, das des Onkels war, als er, wutverzerrt, Katharina beschimpft hatte, weil sie schuld an allem sei, nämlich dass die Tante ihn verlassen habe und dass er nun alleine auf seinem Schutzhause saß, da ist die Geschichte jedenfalls verstanden. Und Freud schließt sie ab mit den Worten:

> Ich hoffe, die Aussprache mit mir hat dem in seinen sexuellen Empfindungen so frühzeitig verletzten Mädchen in etwas wohlgetan; ich habe sie nicht wiedergesehen. (ebd., S. 151)

30 Jahre später teilt Freud in einer Fußnote mit, dass der »Onkel« von Katharina in Wirklichkeit ihr Vater war: »Das Mädchen war also unter den sexuellen Versuchungen erkrankt, die vom eigenen Vater ausgingen.« (Zusatz 1924, Fußnote S. 153) Diese Tatsache verändert natürlich die ganze Geschichte, was Freud wohl bewusst war. Aber wegen der Diskretion, die er seinen Patienten schuldete, konnte er nicht immer die Krankengeschichten genau so abfassen, wie sie in Wahrheit waren. Deshalb entschloss er sich erst Jahrzehnte später, die ganze Wahrheit Katharinas seinen Lesern mitzuteilen.

Die Geschichte von Katharina ist unter dem Aspekt der Einfachheit der Darstellung und der Klarheit der Aussage vielleicht die schönste der

Krankengeschichten Freuds. Mit dem »Erstinterview« war nach heutigen Maßstäben allerdings erst der Anfang einer Behandlung gemacht. Aber es ist glaubhaft, dass Katharina dieses Gespräch schon sehr geholfen hat. Katharina hatte im Gegensatz zu vielen anderen verführten Mädchen eine Mutter, die ihr glaubte und zu ihr hielt; sie war also nicht von früher Kindheit an ungeschützt, wie es bei zahlreichen Missbrauchten der Fall ist.

Jeder Analytiker kennt die aufgehellten Mienen seiner Patienten, wenn es gelingt, ein Stück der subjektiven Wahrheit und des Erlebens, das auch der objektiven historischen Wahrheit entsprechen kann, gemeinsam zu verstehen, an die frische Luft der Betrachtung von außen zu setzen und in das bisherige Leben einzuordnen. Besonders gilt das für traumatisierte Patienten.

Die Traumdeutung
und Freuds erste wissenschaftliche Freunde

Sigmund Freuds Lieblingsarbeit war sein Buch *Die Traumdeutung*. Es erschien, bereits im September 1899 fertig gestellt, symbolträchtig mit dem Datum des Jahres 1900.

Dass seine große Arbeit über die Träume für ihn selbst seine ihm wichtigste Arbeit darstellte, wissen wir von Ernest Jones, einem seiner Biographen. Nach seinen Lieblingswerken befragt, habe Freud die *Drei Abhandlungen über Sexualtheorie* aus dem Jahr 1905 und die *Traumdeutung* aus dem Jahr 1900 vom Büchergestell genommen. Dabei habe er gemeint, seine Sexualtheorie sei bald allgemein anerkannt und darum veraltet, während das Buch über die Traumdeutung sich wohl länger in der Diskussion halten werde. Er scheine dazu bestimmt, nur Selbstverständlichkeiten zu entdecken: dass Kinder sexuelle Gefühle hätten, was doch jedes Kindermädchen wisse; und dass nächtliche Träume genau so sehr eine Wunscherfüllung seien wie Tagträume (Jones 1982, S. 406).

Freud war nicht optimistisch bezüglich seiner eigenen wissenschaftlichen Bedeutung. Immer wieder bekam er Zweifel, ob sein Werk sich halten werde – und wer ihm im Jahr 1900 gesagt hätte, dass im Jahr 2000 und darüber hinaus die Diskussion um seine Funde, seine Theorie und Therapie noch genau so intensiv wie zu seiner eigenen Zeit sein würde, vielleicht noch intensiver, den hätte er wahrscheinlich ausgelacht. Zu sehr fühlte er sich oft einsam und verlassen, packten ihn Zweifel wegen der Neuigkeit seiner Funde, litt er unter seiner wissenschaftlichen Einsamkeit. Insofern tat es Freud besonders gut, dass sich nach Erscheinen der *Traumdeutung* »eine Anzahl jüngerer Ärzte ... in der ausgesprochenen Absicht, die Psychoanalyse zu erlernen und zu verbreiten« (Freud 1913, S. 63), um ihn versammelte. Sie trafen sich regelmäßig einmal in der Woche am Mittwoch. Hieraus entstand die »Mittwochs-Gesellschaft«, deren Treffen und Diskussionen vom Jahr 1906 an protokolliert vorliegen (Nunberg/Federn 1976-1981). Sie fand an einem Mittwoch statt, weil Sigmund Freud sich vermutlich, in Verehrung des Dichters Johann Wolfgang von Goethe, dessen »Mittwochs-Kränzchen« zum Vorbild nahm.

Die Mittwochs-Gesellschaft ist die Vorläuferin aller späteren psychoanalytischen Gesellschaften. Ihren Sitz hat die *Internationale Gesellschaft für Psychoanalyse* (IPV) heute in den USA. Die »Mittwochs-Gesellschaft« aber, deren Tagungen anfangs in der Wohnung Sigmund Freuds stattfanden, war der Kern dessen, was Soziologen ein »Netzwerk« nennen. Damit ist gemeint, dass sich um eine neue wissenschaftliche Theorie bald Wissenschaftler versammeln, die durch die Potenz der Theorie zu weiteren Forschungen angeregt werden und die wegen der Güte und der Inhalte der gegebenen Theorie Anziehungskraft und Forschungsaktivitäten weltweit entwickeln.

Zurück zu Freuds *Traumdeutung*. Obgleich die Beschäftigung mit dem Phänomen der Träume wahrscheinlich so alt ist wie die Menschheit selbst und zahlreiche Philosophen, Dichter und Wissenschaftler vor Freud sich bereits ausführlich damit befassten, enthielt sein Buch Gedanken und Einsichten, die die Auffassung vom Traum und seinem Stellenwert für das bewusste und unbewusste Leben des Menschen revolutionierten. Die meisten Ergebnisse sind bis heute gültig (vgl. dazu ausführlich Solms 2000). In der Vorrede zu seinem Buch *Die Traumdeutung* schreibt Freud bezeichnenderweise:

> Indem ich hier die Darstellung der Traumdeutung versuche, glaube ich, den Umkreis neuropathologischer Interessen nicht überschritten zu haben. ... Wer sich die Entstehung der Traumbilder nicht zu erklären weiß, wird sich auch um das Verständnis der Phobien, Zwangs- und Wahnideen, eventuell um deren therapeutische Beeinflußung, vergeblich bemühen. (Freud 1900, S. VII)

Kern seiner Überlegungen war, dass im Traum eine *Regression* in die Bereiche der frühen Kindheit stattfinde und dass Träume *Wunscherfül-*

lungen darstellten. Er bietet zahlreiche Beispiele als Beweis für seine Thesen an, die auch eigene Träume umfassen. Die Wunscherfüllungsthese wurde zu Zeiten der Entdeckung des REM-Schlafes abgelehnt oder in Frage gestellt. Inzwischen sind indessen die zentralen Forschungsergebnisse Freuds von den Ergebnissen der Neurophysiologie bestätigt worden.

> Kurzum: der derzeitige empirische Forschungsstand der Neurowissenschaften gibt uns allen Grund, Freuds radikale Hypothese, die er vor 100 Jahren in seinem Traumbuch vorgebracht hat, ernst zu nehmen, nämlich dass Träume *motivierte* Phänomene und ihre Triebkraft *Wünsche* sind. (Solms 2000, S. 111)

Freuds Begründung für seine Wunscherfüllungsthese war nie so leicht zu widerlegen wie Anhänger eines angeblich sinnlosen REM-»Gewitters« im Gehirn dies zeitweise geglaubt haben. Auch wenn »Strafträume« und Alpträume den Träumenden quälen, spielt das lange nach der Veröffentlichung der *Traumdeutung* entwickelte Konzept des »Über-Ich«, jene psychische Instanz also, die den Austausch zwischen gesellschaftlichen (elterlichen) Normen und Werten und dem Individuum regelt, oft die zentrale Rolle. Das Über-Ich sorgt in solchen Träumen nämlich dafür, dass der Träumende sein Strafbedürfnis befriedigt – vor allem depressiv strukturierte Menschen kennen dies.

Henry Ellenberger (1973) fasst die Neuerungen der *Traumdeutung* in vier Punkten zusammen:

> Die erste Neuerung habe darin gelegen, daß Sigmund Freud die wichtige Unterscheidung zwischen dem *latenten und dem manifesten Trauminhalt* getroffen habe. Darunter verstehen wir, daß der Traum nicht das bedeutet, was seine vordergründig erinnerten Bilder und Aussagen nahe legen (als »manifester Inhalt« bezeichnet), sondern daß der tatsächliche Inhalt eines Traumes immer erst mittels der Bearbeitung und insbesondere mit Hilfe der Assoziationen des Träumers erschlossen werden kann (latenter Inhalt).
> Zweitens habe Freud deutlich gemacht, daß der Träumende sich im Traum gleichzeitig in der Vergangenheit und in der Gegenwart erleben könne. Der Träumer hat, häufig ausgelöst durch einen sogenannten »Tagesrest«, d. h. ein Erlebnis am Tage oder in einer Woche vor der Entstehung eines Traumes, eine vorbewußte oder unbewußte Ursache oder ein Motiv in Gang gesetzt, bestimmte Bilder aus der infantilen Vergangenheit im Traum zu einer Traumgeschichte oder zu einem Traumbild zu verarbeiten, eben in den manifesten Inhalt. Eine Traumgeschichte kann Elemente enthalten, die bis in die ersten Lebensjahre des Träumers zurückreichen, die meist dem Träumer selbst schwer verständlich scheinen. Denn der Traum arbeitet mit den Mitteln der *Verschiebung* (z. B. der von einer Person zu einer anderen, so daß die eigentlich wichtige Person nicht mehr erkannt werden kann), der *Verdichtung* (d. h. in die Optik und Charakteristik einer Person oder auch eine Sache oder eine Land-

schaft tauchen vordergründig nicht zusammenpassende Eigenschaften, Besonderheiten auf, die der Traum gleichzeitig und ineinander fließend zeigt, nicht nacheinander oder getrennt) sowie weiterer *Abwehrmechanismen*, die der unbewußten und vorbewußten Zensur des Träumers geschuldet sind.
Dies sei die dritte Neuerung gewesen, daß im Traum der »Zensor« dafür sorge, dass zunächst nicht der *latente*, sondern nur der *manifeste* Inhalt der Träume bewußt werde. Damit ist ein Traum nicht ohne weiteres dem Träumer und einem eventuellen Zuhörer verständlich, sondern er erschließt sich erst über den Umweg einer Bearbeitung durch die Deutung aller dem Träumer einfallenden Assoziationen.
Die vierte Neuerung sei die Verwendung der *»freien Assoziation«* als Methode der Traumanalyse und die Einführung *der systematischen Verwendung der Traumdeutung als Werkzeug der Therapie gewesen.* (Ellenberger 1973 II, S. 680)

Wolfgang Mertens beschreibt den individuellen Nutzen der psychoanalytischen Traumdeutung auf besonders einfache Weise:

Wenn wir uns an einen Traum erinnern, nehmen wir Kontakt zu unserer unbewussten Phantasiewelt auf, erfahren wir einen Zugang zu früheren Erinnerungen, in denen die möglichen Wege zur Erfüllung unserer Kinderwünsche aufbewahrt sind, erfahren wir aber auch, welche unbewältigten Ängste immer noch auf unser Tageserleben Einfluss ausüben können, und lernen, dass wir uns viele Aufgaben in der Gegenwart deshalb nicht zutrauen, weil sie immer noch mit alten Ängsten verbunden sind, können wir uns vergegenwärtigen, welche Mittel unsere unbewusste Abwehr einsetzt, um die anstößigen und angsterregenden Teile unserer Tageserlebnisse vor uns selbst verborgen zu halten. Wenn in unseren Träumen ungelöste Konflikte aus der Vergangenheit angesprochen werden, können zuvor unbewusste Wünsche, Emotionen und Handlungen vorbewusst werden.
Wir lernen dadurch auch unsere Abwehrformationen kennen, die wir einsetzen, um mit den durch die Tagesereignisse provozierten, konflikthaften Wünschen und Emotionen umgehen zu können.
Auf diese Weise kommen wir in Kontakt mit der Kreativität unseres Ichbewusstseins im Traum, aber auch im Wachzustand.
Dadurch erfahren wir, welch Glücksgefühl und Befriedigung sich einstellen können, wenn wir unsere Wünsche mit weniger Abwehr erleben könnten, was auch einen Ansporn dafür darstellt, uns mit unseren Einschränkungen auseinander zu setzen. Dabei können wir auch lernen, unerfüllbare Kinderwünsche von solchen zu unterscheiden, die in Gegenwart und Zukunft in einer dem Erwachsenenleben angepassten Form noch realisierbar wären.
So können wir daran arbeiten, geeignetere Möglichkeiten der Konfliktlösung und der Wunschbefriedigung in der Realität zu finden.
Manchmal erfahren wir aber auch, welche traumatischen Erinnerungen sich immer wieder im Traum Ausdruck verschaffen und Angst hervorrufen, um

damit endlich einer Integration und Lösung zugeführt werden zu können. (Mertens 2000b, S. 8)

Kurz: *Der Traum ist der Königsweg ins Unbewusste, nach wie vor.* Wer eine Psychoanalyse absolviert hat, lernt mit der Zeit, mit Hilfe der Selbstanalyse seiner Träume mehr Einsichten in sein latentes, vorbewusstes und unbewusstes Fühlen und Denken zu entwickeln als Menschen, die der Psychoanalyse unkundig sind. Im günstigen Falle eröffnet diese Fähigkeit die lebenslang anhaltende Kunst, Dinge und Menschen nicht nur mit dem bewussten Auge, sondern auch mit dem vorbewussten und unbewussten Auge des Traumes zu sehen. Dies kann auch ein Vorteil im alltäglichen sozialen Leben sein.

Freuds *Die Traumdeutung* aus dem Jahr 1900 erlebte viele Auflagen und stellt den Beginn der modernen Traumforschung dar. Die von Freud entdeckte Traumdeutung ist nach wie vor ein zentraler Bestandteil der psychoanalytischen Therapie. Der Neurowissenschaftler und Psychoanalytiker Mark Solms meint, dass sich heute »aus den Befunden der Neurowissenschaftler etwa folgendes Bild des träumenden Gehirns« ergebe: Ein Traum wird anfänglich durch einen Reiz in Gang gesetzt, der eine Aktivierungsreaktion auslöst. Wenn es diesem Reiz gelingt, eines oder mehrere Motivationssysteme des Gehirns zu aktivieren (Freuds libidinöse Besetzung!), so beginnt der eigentliche *Traumprozess*. Üblich ist, dass ein wacher Mensch das auch tut, was im Gehirn an Aktivität vorbereitet wird. Da aber die Motorik nachweislich im Schlaf gehemmt ist, passiert etwas anderes: Der Träumende handelt lediglich in Bildern und Vorstellungen. Allerdings nimmt er, weil »die reflexiven Systeme am frontalen Ende des limbischen Systems inaktiviert sind«, die Traumszene als Wirklichkeit an und erlebt sie auch so (Solms 2000, S. 118/119).

Zwar ist manches noch nicht verstanden, aber Solms meint, »wir wären gut beraten, Freuds Modell als Orientierungsrahmen für die nächste Phase unserer neurowissenschaftlichen Untersuchungen zu nutzen« (ebd.).

Den zu erwartenden Ergebnissen ist mit Spannung entgegen zu sehen.

3. Kapitel

Wir alle tragen das Erbe der Krokodile

Die Geschichte der Hominidenevolution ist wunderbarer als jede andere Geschichte des Planeten Erde, ja sogar des gesamten Kosmos.

John C. Eccles

Das folgende Kapitel versucht, die Psychoanalyse in die wissenschaftlichen Strömungen unserer Zeit einzuordnen. Einerseits wird eine Verbindung zur evolutionären Entwicklung des Menschen hergestellt, andererseits versucht, eine Brücke zu schlagen zu den Ergebnissen der modernen Hirnphysiologie und den Fortschritten der Neurowissenschaften.

Was verbindet Menschen mit Krokodilen?

Die Psychoanalyse als Wissenschaft von der psychischen Lebendigkeit des Menschen in seiner Umwelt kennt ein somatisches Korrelat: das Gehirn. Das Gehirn des Menschen hat eine Jahrmillionen alte Entwicklung hinter sich. Auch unsere tierischen Vorfahren haben Gehirne. Deshalb sind die Forschungsergebnisse der Evolutionstheorie und der Neurowissenschaften der Psychoanalyse nicht gleichgültig. Die Ergebnisse sind von fundamentalem Interesse, wenn die Neurowissenschaften auch die Psychoanalyse niemals ersetzen können oder bislang eine zufrieden stellende Erklärung für die bewusste und unbewusste Tätigkeit der Psyche oder die Subjektivität menschlichen Erlebens und Bewusstseins anzubieten in der Lage sind. Vielleicht wird dies auch nie der Fall sein.

Sigmund Freud, gelernter Neurologe, hat die Psychoanalyse als *konsequente Fortsetzung seiner ursprünglich rein neurologischen Forschungstätigkeit* gesehen. Es gibt keinen Bruch zwischen Freuds neurologischer Tätigkeit und seiner Konzeption des Unbewussten in der Psychoanalyse. Häufig wird die Meinung geäußert, zwischen dem Wissenschaftler Freud und dem »Phantasten«, der die Psychoanalyse erfunden habe, lägen Welten. Es war aber ganz anders. Die wissenschaftlichen Fakten und das Charcot'sche Wort »Ca n' empêche pas d'exister«, das etwa bedeutet: »Das gibt es aber«, legten ihm nahe, über die Grenzen bekannter naturwissenschaftlicher Forschung hinaus zu gehen, ohne auszuschließen, dass Psychologie und Biologie in ferner Zukunft miteinander verknüpft werden könnten. In der Biologie wurzelnd, beschreibt die Psychoanalyse die Entwicklung des Menschen in der ihn umgebenden Umwelt unter dem Aspekt seiner inneren und äußeren Auseinandersetzung mit dieser Welt, vor allem im Hinblick auf die Bedeutung und die Funktion des Unbewussten in seinem Handeln und Denken. Des Menschen Phantasietätigkeit, die Kreativität seines Denkens, aber auch die Destruktivität seines Tuns, letztere auf Furcht erregenden Triebregungen einzelner Menschen oder ganzer Gruppen beruhend, Grausamkeiten, wie sie die Psychologie des Bewussten zwar beschreiben, aber nicht erklären kann, gehörten und gehören nach wie vor zu den originären Gegenständen der Psychoanalyse. *Die Dynamik des Unbewussten* und dessen Beitrag zur Ausgestaltung des Denkens, Fühlens, Phantasierens und Handelns sind nach wie vor *der zentrale Gegenstand der Psychoanalyse* (vgl. zuletzt Buchholz/Gödde 2005). Die psychoanalytische Entdeckung allgemeiner Gesetzlichkeiten des Unbewussten war Freud wichtiger als die von ihm entwickelte Krankheitslehre. Obgleich von dieser alle psychoanalytische Forschung methodisch ihren Ausgang nahm, schätzte er sie geringer ein.

Von Beginn ihrer Entstehung an berücksichtigte die Psychoanalyse sowohl in ihrer Kulturtheorie als auch in ihrer Krankheitslehre die Art und Weise des menschlichen seelischen Funktionierens, das nicht erst seit heute existiert, *sondern einer Jahrmillionen alten Entwicklung* zu verdanken ist. Mit diesem so funktionierenden Menschen kann man keine Wunder in wenigen Tagen zustande bringen. Was in Jahrzehnten an Krankheitssymptomen entstanden ist, fest verankert in den Strukturen seines Gehirns und seiner Psyche, kann nicht in Tagen, Wochen und nur selten in wenigen Monaten verschwunden sein.

Menschliche Eigenschaften, Verhaltensweisen, Vorlieben, Stärken und Schwächen, wenngleich zu einem großen Teil genetisch bedingt, entfalten sich nur im Rahmen der menschlichen Kommunikation und des intensiven verbalen und averbalen Austausches. Am Anfang ist es meist die Mutter, mit der ein Kind »kleine Affenlaute« wechselt. Dann kommen weitere Personen des Umfeldes hinzu. Genetische Anlagen, die nicht durch intensiven menschlichen Austausch stimuliert werden, verkümmern. Andere können so weit gefördert werden, dass sie später dominant erscheinen. Sie sind die Träger des Charakters, den ein Mensch später zeigt. Ihrer fest geronnenen Struktur verdanken wir, dass wir nicht am Morgen aufstehen und uns jedes Mal von Neuem fragen müssen: Wie mache ich Kaffee? Wie putze ich die Zähne? Wie ziehe ich mich an? Was tue ich jetzt? Sondern die meisten Tätigkeiten sind »selbstverständlich«, sind im prozeduralen Gedächtnis gespeichert und müssen nicht tagtäglich neu gelernt werden. Diese Fakten sind auch dafür verantwortlich, dass es so etwas wie »Traditionsbildung« gibt, nämlich die stabile Weitergabe einmal erlernter und erworbener, verinnerlichter Muster des Denkens, Fühlens, Verhaltens und Handelns an die nächste und die übernächste Generation. Der Festigkeit des einmal Erworbenen und Entwickelten verdanken wir nicht nur die Beharrlichkeit unserer guten, sondern auch die unserer weniger guten und schlechten Eigenschaften. So ist leider diese Festigkeit auch ein Bollwerk gegen notwendige Veränderungen, therapeutische Veränderungen eingeschlossen.

Auch für körpertherapeutische Behandlungen gilt: Fehlhaltungen, die unbewusste Ängste, Traumata, Befürchtungen, Unsicherheiten zum Ausdruck bringen, können weder von einem Physiotherapeuten noch von einem analytischen Körpertherapeuten in wenigen Wochen »geradegebogen« werden: *Der Körper vergisst nichts, die Seele auch nicht.* Um zu gesunden, muss der Umweg meist, nicht immer, über das Bewusstsein gewählt werden. Menschliche Erfahrungen werden gespeichert, sind tief verankert in dem, was die Psychoanalyse die Psyche nennt. Jede Erfahrung sitzt auf den früheren Erlebnissen auf und bestimmt die weitere Entwicklung.

Jeder Mensch ist in seiner ontogenetischen Entwicklung eingebettet in die kosmische Entwicklung der Erde und in die phylogenetische der Menschheit. Jedes einzelne Individuum trägt die stammesgeschichtlichen, kulturellen, historischen und gesellschaftlichen Erblasten der Menschheit in der einen oder anderen Weise mit sich. Das hat Vorteile, ist manchmal eine Last. Entrinnen können wir ihr nicht.

Einige Bemerkungen zur evolutionären Entwicklung des Menschen

Unter Evolution wird die gesamte Entwicklung des unbelebten und belebten Kosmos verstanden. Dies ist die Entwicklung des Universums (der Sterne, Planeten, Galaxien), der chemischen und der biologischen Formen, der Pflanzen und der Tiere, schließlich des Homo sapiens bis zum Homo sapiens sapiens.

Der Mensch ist aber nicht nur biologisch einem Entwicklungsprozess unterworfen, sondern er braucht, um Mensch zu sein, als vorläufig einziges Wesen eine kulturelle Umgebung, die er sowohl schafft, als von der er auch in seiner Entwicklung und Entfaltung abhängig ist. Jeder von uns ist in eine Entwicklung biologischer wie auch kultureller Art hineingeboren, wie er auch im Laufe seines Lebens zum Schöpfer der weiteren Kulturentwicklung wird.

Ein Neugeborenes übernimmt nach und nach die es umgebende Kultur von seinen Eltern oder anderen primären Bezugspersonen. Im Laufe seines Größer-Werdens sie verinnerlichend, differenziert es sie, um sie dann in der einen oder anderen Weise weiterzuentwickeln. Lebenslang sucht ein Individuum die für sich geeigneten Elemente der Kultur aus und verwirft die subjektiv ungeeigneten. Dies geschieht bewusst, vorbewusst und unbewusst.

Zwar ist es nicht notwendig, diesen Zusammenhang ständig vor Augen zu haben, aber es ist sinnvoll, sich vorzustellen, in welchen Gesamtzusammenhang wir gestellt sind – und sei es nur, um sich darüber klar zu werden, dass kein Individuum im Kosmos verloren ist und dass kein Mensch verstehbar und verständlich wird, ohne diese großen Zusammenhänge zumindest prinzipiell mitzudenken.

So schreibt der Neurobiologe und Nobelpreisträger John C. Eccles:

> Realistisch betrachtet, sitzen wir alle in diesem wunderbaren Raumschiff, dem Planeten Erde, der, von einem Mond begleitet, zusammen mit acht weiteren Planeten, deren atmosphärische und klimatische Bedingungen dem menschlichen Leben extrem feindlich sind, um die Sonne kreist... Die einfachsten Tatsachen der menschlichen Physiologie schließen für alle Zeiten die Möglichkeit einer Raumfahrt über unser Sonnensystem hinaus oder eine geplante Besiedelung des Weltraums aus. Man kann mit Bestimmtheit sagen, daß die Menschheit für immer an die Erde gebunden sein wird. Anders verhält es sich nach dem Tod, sofern die Seele den leiblichen Tod übersteht und dadurch der Bindung an Physik und Physiologie entrinnt. Doch was nach dem

Tode geschieht, werden wir nie im Voraus erfahren. Das ist einfach die mißliche Situation des Menschen. (Eccles 1989, S. 389/90)

Wie alles, was die Evolution im Laufe ihrer Entwicklung mit sich brachte, ist auch das menschliche Gehirn ein vorläufiges Endprodukt einer Entwicklung, die Jahrmillionen umspannt. Hoimar von Dithfurth, Professor für Psychiatrie und konsequenter Anhänger einer evolutionären Betrachtungsweise menschlichen Lebens und menschlicher Leiden, schrieb in einem seiner letzten Bücher, *Innenansichten eines Artgenossen*, dass ein Ingenieur, der ein bestimmtes Produkt, etwa eine Erfindung, weiterentwickeln möchte und es ihm so scheint, als ob es zu verbessern sei, bei jedem Entwicklungsschritt von neuem anfangen könne: »Er verwirft das, was es bis jetzt gab, und beginnt auf dem Boden der ihm vorliegenden Erfahrungen und gelenkt von dem ihm vorschwebenden geistigen Konzept mit einem neuen Ansatz.« (von Dithfurth 1989, S. 145) Diese Chance des ständigen Neuanfanges gibt es für die biologische Evolution nicht und hat es nie gegeben:

Wenn uns mit der ersten lebendigen Urzelle nicht eine ununterbrochene Kette ineinander übergehender Entwicklungsschritte verbände, wäre das Leben erloschen, bevor wir hätten entstehen können. Während der noch so fortschrittlichen Umbauten durften die lebensnotwendigen Funktionen der jeweils vorliegenden biologischen Konstruktion, um deren Verbesserung es ging, nie unterbrochen werden: (ebd.)

Orthopäden kommentieren manchmal scherzhaft unsere Neigung zu Platt-, Senk- und Spreizfüßen, unsere Probleme mit der Wirbelsäule und den Gelenken als »Fehler« in der evolutionären Entwicklung. Ursprünglich für Meerestiere und dann Landgänger »gedacht«, deren Wirbelsäule immerhin von vier Füßen getragen wurde, enthielt ihre Weiterentwicklung zum berühmten »aufrechten Gang« des Menschen neben großen Vorteilen auch kleine Fehler. So müssen wir, menschlich gedacht, die »Fehler« in der Evolution mit Fassung tragen. Die Fehler, die der »Strategie der Genesis« (Riedl 1976) einmal unterlaufen sind, können wir nicht auf der Ebene, auf der sie »passiert« sind, der der Mutation und Selektion nämlich, verändern. Wir können nur auf der kulturellen Ebene versuchen, sie in den Griff zu bekommen. Diese Versuche machen etwa die Hälfte unserer (bewussten und unbewussten) Kulturbemühungen aus.

So ist das Beispiel des Ingenieurs auch nur als Einzelbeispiel zutreffend, bei genauerer Betrachtung stimmt es nicht ganz: Auch ein Ingenieur ist auf die ihm historisch, gesellschaftlich und kulturell zur Verfügung stehende Entwicklung der Technik zu seiner Zeit angewiesen, weder kann er hinter sie zurückfallen noch über sie hinausgehen. Alle Erfindungen ruhen auf den »Schultern von Riesen«. Dennoch enthält die kulturelle Herstellung von Objekten einen größeren Spielraum für Veränderung. Die biologische und die kulturelle Entwicklung verhalten sich deshalb nicht zeitgleich zueinander.

Wie wir unseren Körper insgesamt nicht »schöner« oder praktischer gestalten können (von spektakulären Operationen einmal abgesehen, die aber nichts grundsätzliches zu verändern und schon gar nicht eine eventuelle Schönheitsoperation an die nächste Generation weiter zu geben in der Lage sind), können wir auch nicht das uns gegebene Gehirn verändern, das aus verschiedenen Epochen der evolutionären Entwicklung stammt und dementsprechend widersprüchlich funktioniert. Seiner Entstehung nach ist es »dreigeteilt« und hat unterschiedliche Funktionen, die sich auch bei einer Neurosenentstehung und in einer Therapie auswirken werden.

Der evolutionär älteste Teil unseres Gehirns ist zuständig für die Regulation der Stoffwechselbilanz, die Steuerung von Herzschlag und Atmung, beim Warmblüter die Konstanthaltung der Körpertemperatur bei wechselnden Umgebungstemperaturen sowie die Überwachung aller weiteren vegetativen Funktionen, welche der Mensch zur Aufrechterhaltung seiner selbst braucht. Es heißt »Stammhirn«, und wir teilen es bezüglich seiner Funktionen durchaus mit den Krokodilen.

Über dem Stammhirn, etwa 100 Millionen Jahre später entstanden, liegt das Zwischenhirn. Es stellt

> uralte, angeborene Verhaltensstereotype (so genannte Instinkte) als Standardantworten auf artspezifisch regelmäßig wiederkehrende Situationen bereit: Sexualverhalten, Flucht- und Verteidigungsdispositionen und andere Triebregungen, deren unterschiedliche Aktivierungszustände wir in der Regel als unsere »Stimmungen« erleben. (v. Dithfurth, 1990, S. 148)

Erst darüber wölbt sich die Großhirnrinde als körperliche Grundlage bewusster Reflexion und Vorausplanung individuellen Denkens, Fühlens und Seins. Die Großhirnrinde des Menschen ist so komplex organisiert, so sehr vernetzt und von allen Strukturen auf dem Planeten die bei weitem komplexeste, dass »eine Veranschaulichung nur schwer erreicht werden kann« (Görnitz und Görnitz 2002).

> In der durchschnittlich vier Millimeter dicken, eine Fläche von nahezu einem viertel Quadratkilometer aufweisenden (und daher stark gefältelt in unserem Schädel untergebrachten) Hirnrinde sind mindestens zehn, nach manchen

> Schätzungen bis zu fünfzehn Milliarden Nervenzellen (Neuronen) konzentriert. Das wären zwei- bis dreimal so viele in jedem einzelnen Schädel, wie es Menschen auf der Erde gibt. Alle Neuronen sind grundsätzlich miteinander identisch, sie sind so etwas wie die Einheitsbauelemente des ganzen komplizierten Spezialorgans. Nicht nur das: Sie sind in den Einzelheiten ihrer Struktur und ihrer Funktionsweise nicht von den Nervenzellen zu unterscheiden, aus denen das Hirn eines Affen aufgebaut ist oder das eines Hundes oder eines anderen Warmblüters. Beim Kaltblüter sieht die Sache aus gutem Grund etwas anders aus: seine Nervenzellen kommunizieren ausschließlich mit Hilfe elektrischer Signale ... Erst der seine Körpertemperatur aktiv regelnde Warmblüter kann sich zur Nachrichtenverarbeitung in seinem Gehirn zusätzlich auch noch chemischer Überträgerstoffe bedienen – Neurotransmitter genannt –, und sie bereichern die funktionelle Vielseitigkeit seiner Nervenzellen um eine ganz neue Dimension. (Einer der Gründe, warum ein Karpfen dümmer ist als ein Delphin.) (v. Dithfurth 1989, S. 27)

Eine ungefähre Vorstellung zu den genannten Größenverhältnissen des Gehirns bietet auch die grobe Schätzung der Hirnforscher, dass jede der zehn bis fünfzehn Milliarden Hirnzellen mit mehreren Tausend, wahrscheinlich bis zu zehntausend anderen Zellen Kontakt hat. Der Schaltplan ist somit unentwirrbar für uns. Er würde eine Fläche von mehreren Quadratkilometern einnehmen.

Nachdem er auf diese Weise mit der bloßen Veranschaulichung der Zahlen- und Größenverhältnisse im Gehirn des Menschen der evolutionären Entwicklung genügend Respekt verschafft hat, meint v. Dithfurth, dass, selbst wenn wir den Schaltplan verstünden, *das zentrale Geheimnis noch nicht einmal angekratzt worden sei: wie nämlich in dieser unendlich komplex vernetzten Neuronenansammlung Gedanken entstehen können.* In ihrer Arbeit *Der kreative Kosmos* versuchen Görnitz und Görnitz (2002) hierauf eine quantenphysikalische Antwort zu finden. »Am Anfang war Information«, lautet ihre Botschaft:

> Wir zeigen, dass die moderne Quantentheorie hierfür eine neue Lösung erlaubt, die die zutreffenden Aspekte der bisherigen Modelle behält und deren Nachteile vermeidet. *Die Quantentheorie ermöglicht es, beide Substanzen, Geist und Materie, als etwas Äquivalentes ansehen zu dürfen. Die tatsächlich fundamentale Substanz sind nicht Atome oder Quarks, sondern in der Tiefe der Erscheinungen findet die Quantentheorie eine abstrakte, kosmologisch begründete Quanteninformation, die wir als »Protyposis« bezeichnen, als etwas, das zu einer »eingeprägten Gestalt« werden kann.* Ursprünglich noch bedeutungsfrei, kann sie Bedeutung erhalten und wird damit zu dem, was man sich üblicherweise unter Information vorstellt. Sie kann aber auch zu Materie oder Energie konkretisiert werden, so wie es die Physik durch $E = mc^2$ über die Konkretisierung von Energie zu Materie be-

> reits akzeptiert hat (...) Da die Materie sich mit unserem Ansatz als mögliche Information erweist, geschieht eine Wechselwirkung zwischen Psychischem ... und Materiellem nicht mehr wie zwischen zwei grundverschiedenen Substanzen. Ein Teil der potentiellen Information, die das Materielle konstituiert, kann sich davon abspalten und zu Information im üblichen Sinne werden und dann auch Bedeutung erhalten. Die Grenzen zwischen dem, was als Bedeutung, was als Information und was als Träger derselben anzusehen ist, sind nicht starr und können von einem Beobachter verschoben werden.
> Wenn dies zuträfe, gelänge es, das Bewusste und das Unbewusste so real zu beschreiben, wie es jedem gesunden Erwachsenen auch erscheint, um die Wirkung des Psychischen auf das Körperliche zu erklären. (Görnitz und Görnitz 2002, S. 293)

Diese zu den Identitätstheorien gehörende Erklärung würde John Eccles als zu einfach ablehnen. Er meint, dass das

> Mysterium des Menschen vom wissenschaftlichen Reduktionimus ... herabgewürdigt wird, wenn er beansprucht und verspricht, die gesamte spirituelle Welt letzten Endes ... mit Mustern neuronaler Aktivität erklären zu können. Dieser Glaube muß als ein Aberglaube betrachtet werden. (Eccles 1989, S. 389)

Alle Gehirne sind aus denselben Grundbausteinen aufgebaut: aus Nervenzellen und aus Gliazellen. Gliazellen haben mehrere Funktionen. Sie sind wichtig bei der Heilung und Regeneration von verletztem Nervengewebe und sind Stütz- und Leitgerüst für das Nervengewebe, vor allem im Verlauf der frühen Entwicklung eines Gehirns. Die Nervenzellen, deren Aufbau komplex und vielgestaltig ist, haben über die Synapsen Kontakt miteinander. Es gibt zwei Arten von Synapsen: elektrische und chemische Synapsen. Bei den elektrischen Synapsen geschieht die Übertragung einer Erregung auf direktem Weg, bei den chemischen Synapsen wird die Erregung durch Botenstoffe, sogenannte Neurotransmitter, übertragen.
Der Entdeckung der Neurotransmitter und damit potentiell auch deren Beeinflussbarkeit verdanken viele Psychopharmaka ihr Dasein und zahlreiche Patienten eine Verbesserung ihres seelischen Befindens. Die unglaublichen Fortschritte der biologischen Psychiatrie in den letzten Jahrzehnten haben in diesen Entdeckungen ihre Ursache. Die Namen der bekanntesten Transmitter lauten Acetylcholin, Noradrenalin, Serotonin, Dopamin und Glutamat. Diese Transmitter haben einen erregenden Effekt. Hemmende Neurotransmitter sind Gammaaminobuttersäure und Glycin.

> Die Kombination all dieser Faktoren, d. h. der zahlenmäßigen Verhältnisse erregender und hemmender Synapsen, ihres Sitzes an der Oberfläche der Zelle, unterschiedliche Längs- und Zeitkonstanten der beteiligten Membranen, und damit unterschiedlicher Ausmaße zeitlicher und räumlicher Integration, lassen nahezu beliebig komplexe Verarbeitungsprozesse in einer einzelnen Nervenzelle zu. (Roth 1997, S. 46)

Roth betont ebenso wie v. Dithfurt und Singer (2002), dass das menschliche Gehirn sich nicht im Aufbau, sondern lediglich in der Anzahl der Nervenzellen von den Gehirnen anderer Wirbeltiere unterscheide. Dagegen meint Eccles, dass »das Selbst-Bewusstsein, das auf den letzten Stufen der Hominidenevolution auftrat, in der gängigen Darstellung der Evolutionstheorie nicht berücksichtigt worden ist« (Eccles, 1989, S. 385).

Die menschliche Geschichte, die so ungeheuer reich und kulturell unterschiedlich ist, kann mit dem gängigen Vergleich aus dem Tierreich natürlich nicht im geringsten erfasst werden. Was in der üblichen Aufzählung der Besonderheiten der biologischen Ausstattung des Menschen auch fehlt, ist die enorme Plastizität seiner psychischen Strukturen. Weil der Mensch nicht »fertig« auf die Welt kommt wie viele seiner tierischen Verwandten, hat er die Möglichkeit, die kulturellen Errungenschaften seiner Vorfahren und seiner Zeitgenossen aufzunehmen und in seine Hirnstruktur zu integrieren, d. h. die oben besprochenen Synapsen zu schließen und in ihrer Reichhaltigkeit zu vermehren, vor allem, was die Kommunikation untereinander anbetrifft. In dieser Unfertigkeit scheint auch einer der wichtigsten Unterschiede zu allen anderen Lebewesen zu liegen. Sowohl positiv im Sinne der Möglichkeit eines lebenslangen Lernens, auch weil es bestimmte besonders sensible Phasen gibt, in denen zahlreiche Fertigkeiten besonders leicht und schnell und gründlich gelernt werden können, als auch negativ, weil nämlich die Gefahr, dass diese Chance der Entwicklung außerhalb des Mutterleibes nicht ausreichend wahrgenommen werden kann, weil viele primären Bezugspersonen nicht in der Lage sind, sich um ihre Kinder ausreichend gut zu kümmern.

Halten wir fest: Für unsere Diskussion ist es wichtig zu wissen, dass unsere evolutionäre Ausstattung das Ergebnis einer uralten, Jahrmillionen alten Entwicklung ist und dass in dem Augenblick, in dem ein Patient hier und heute eine psychotherapeutische Praxis betritt, er diese gesamte Ausstattung und dazu noch seine unverwechselbare niemals identische individuelle Geschichte mitbringt.

Wie soll nun ein Therapeut – und sei er der beste der Welt – dieses einmalige Kunstwerk »in Ordnung bringen« und dafür nur ein paar Tage oder nur ein paar Stunden benötigen dürfen? Er wird im Gegenteil lange brauchen, um gemeinsam mit dem Patienten in bewusster Übereinstimmung einen zuweilen mühsamen, aber Erfolg versprechenden Weg zu finden, etwas zu verändern, was im Sinne größerer Lebensqualität und Gesundung verändert werden sollte.

Die Hirnforschung und das Unbewusste

> Nach der Psychoanalyse zeigt uns jetzt auch die Hirnforschung, dass die leuchtenden Eiskristalle des Bewusstseins zu mehr als neun Zehnteln im Meer undurchsichtiger Abläufe verborgen sind.
>
> *Detlef B. Linke*

Die von dem Neurologen Sigmund Freud vor hundert Jahren formulierte Vermutung, es gebe ein unbewusstes Seelenleben, wird inzwischen von der Hirnforschung bestätigt. So meint der Hirnforscher Gerhard Roth: »*Nach der Psychoanalyse kann die Hirnphysiologie nun auch von dem Unbewussten sprechen.*« (Roth 2001) Früher schon meinte der amerikanische Forscher Kandel, dass die *Erfolge der Neurowissenschaften eine Renaissance der Psychoanalyse zur Folge haben würden.*

Bereits am Ende des 19. Jahrhunderts wurden intensive Anstrengungen unternommen, Bewusstseinsprozesse auf ihr organisches Korrelat zurückzuführen. Sigmund Freud hatte schließlich bei Julius Meynert, dem berühmten Professor für Hirnanatomie in Wien, studiert und war zunächst auch daran interessiert, somatische Ursachen für die zahlreichen Symptome der Patienten herauszufinden. Schon zuvor hatte der deutsche Psychiater Wilhelm Griesinger für die damalige Zeit Sensationelles verkündet: nicht nur, dass er die Vorstellung hatte, alle psychischen Erkrankungen seien im Gehirn lokalisiert (ein dem damals vorwiegend religiös-moralischen Denken diametral entgegen gesetzter Standpunkt), sondern er sprach auch davon, dass der größere und wichtigere Teil des geistigen Geschehens »unbewusst« sei (Griesinger 1867).

Sigmund Freud stieß aber in seinen Bemühungen an historisch und gesellschaftlich gegebene wissenschaftliche Grenzen, denn Bilder gebende und das Gehirn darstellende Techniken bzw. die Computertomographie oder Kernspintomographie waren noch unbekannt. Sie sind kulturelle Techniken, die außerhalb der Neurologie und Psychiatrie erfunden wurden. Sie haben jenen Fortschritt der Hirnforschung begünstigt, der seit den neunziger Jahren des zwanzigsten Jahrhunderts geradezu sprichwörtlich wurde. Bis zur Mitte des letzten Jahrhunderts besaß die Hirnforschung nur das technische Hilfsmittel des Seziermessers und des Lichtmikroskops. Erst später kam die Erfindung des Elektronenmikroskops hinzu. Noch später, erst in den vergangenen Jahrzehnten, setzte die Entwicklung der modernen, Bild gebenden Verfahren eine Revolution für die Neurowissenschaften in Gang: Computertomograph, Magnetenzephalograph, Kernspintomograph. Mit Hilfe dieser Verfahren wurde es möglich, am lebenden Objekt zu zeigen, welche Hirnareale aktiv werden, wenn sich Versuchspersonen Bilder vorstellen, Sätze formulieren, Träume erinnern oder handeln.

Der Neurologe Freud traf zu Beginn des 20. Jahrhunderts eine folgenschwere Entscheidung: Er entschloss sich, die psychischen Daten von den somatischen (vorläufig!) zu trennen und die psychischen so zu behandeln wie naturwissenschaftliche Gegebenheiten. Freud selbst meinte, diese Trennung sei eine vorläufige, aber sie hatte auch fatale Folgen.

So meint etwa der Hirnphysiologe Wolf Singer, dass der Erfolg von Josef Breuer und Sigmund Freud mit der Patientin Berta Pappenheim den Beweis erbracht habe, dass *schwere psychische Störungen ohne Eingriffe in somatische Prozesse, allein mit der Methode des Gespräches*, behoben werden könnten. Mit diesem frühen Erfolg sei die »Antithese zu Kraepelin« (dem zur Zeit Freuds berühmten Vertreter der biologischen Psychiatrie in München) formuliert gewesen. Viele Psychiater hätten in der Folge in den Geistes- und Kulturwissenschaften ihre Rückbindung gesucht und auf jede weitere naturwissenschaftliche Forschung verzichtet (vgl. Singer 2002, S. 11). Eben weil Freud diese Entscheidung getroffen hatte und sich auf seinem wissenschaftlichen Weg nicht beirren ließ, haben nicht nur viele Psychiater, sondern auch viele Psychoanalytiker in der Nachfolge Freuds gemeint, auf jede naturwissenschaftliche Forschung verzichten zu dürfen, die Psychoanalyse als eine ausschließlich interpretierende Methode ansehen zu können und die Nachbarwissenschaften unbeachtet zu lassen.

Mark Solms, Psychoanalytiker und Neurowissenschaftler in London, versuchte in den 1990er Jahren, ein Modell vorzustellen, »wie der psychische Apparat des Menschen – so wie wir ihn in der Psychoanalyse konzeptualisieren – im Gehirngewebe repräsentiert sein könnte« (Solms 2002). Er unternahm den spannenden Versuch, die »Anatomie des Unbewussten« darzustellen.

Nicht nur er, sondern zahlreiche andere Neurophysiologen und Hirnforscher zeigen, dass das Gehirn ein *dezentral organisiertes System ist*, dessen größter Teil *unbewusste* Leistungen erbringt. Die unbewussten Vorgänge im Gehirn sollen der *Vorbereitung* bewusster Gedanken, Handlungen und Interaktionen dienen (Damasio 2001, Roth 1994, 2001, Singer 2002, Penrose 2002, Linke 1999). Dass hieraus manchmal abgeleitet wird, der Mensch habe keinen freien Willen, ist allerdings eine die Faktenlage überschreitende interpretatorische Übertreibung. Eher ist zu vermuten, dass John Eccles Recht hat, wenn er meint, dass das »Selbst sein Gehirn steuert« (Eccles 1994) und nicht umgekehrt das Gehirn sein Selbst. Die Frage ist allerdings beim derzeitigen Stand der Diskussion noch nicht mit Sicherheit zu beantworten (vgl. auch Cording 2006).

Freuds alternativer Ansatz von Wissenschaft hatte, so meint Mark Solms, darin bestanden,

> die nicht-bewußten Ereignisse als Ursache unserer Bewußtseinsakte so zu behandeln, als seien sie ebenfalls bewußte seelische Ereignisse, das heißt, er entschloß sich, sie gleichsam in die Sprache der bewußten Wahrnehmung zu übersetzen. Durch diesen konzeptuellen Sprung wurde für psychische (bewußte und unbewußte) Ereignisse ein eigener Bereich von psychischer Kausalität geschaffen und damit der Psychoanalyse ermöglicht, ihren Platz als eine Naturwissenschaft wie jede andere einzunehmen. Dieser Schritt machte das Unbewußte – die unerkennbare Größe, die unseren Bewußtseinsakten zugrunde liegt – zum wahren Forschungsobjekt der wissenschaftlichen Tiefenpsychologie. (Solms 1998, S. 421)

Nach dem Umweg über die Formulierung des subjektiven, also des Erfahrungsanteils der Daten, die die Psychoanalyse zur Verfügung hat und die eine nach wie vor ungeahnte Menge an noch gar nicht ausgewertetem Material in sich birgt (etwas überspitzt könnte man sagen: jede Therapiestunde eines einzelnen Therapeuten mit einem einzigen Patienten fügt dieser Fülle ständig etwas hinzu – und vieles hiervon wird wohl niemals ausgewertet werden können), ist jetzt die Zeit gekommen, in der eine Verbindung des subjektiven Erfahrungs- und Erlebniszusammenhangs mit dem objektiven der Hirnforschung potentiell möglich scheint. Die aus subjektiver Sicht erarbeiteten wissenschaftlichen Ergebnisse, die den größten Anteil der praktischen Hilfeleistung psychoanalytischer Therapie für die Patienten ausmachen, sind deshalb nicht in ihrer Relevanz gefährdet, sondern eher aufgewertet. Noch ist die Verbindung zwischen Hirnforschung und Psychoanalyse vorwiegend theoretischer Natur. Vorläufig bleibt die duale Struktur des Seelischen erhalten. Es gibt nach wie vor zwei unterschiedliche Formen des Seelenlebens: »einmal als körperliches Organ und zum anderen als unsere Bewusstseinsakte« (Solms 1998, S. 423). Aber die wissenschaftshistorischen und wissenschaftstheoretischen Hindernisse einer Zusammenführung scheinen ausgeräumt werden zu können, weil die basale Struktur und die fundamentalen Arbeitsprinzipien der unbewussten physiologischen Abläufe im Gehirn des Menschen immer genauer erforscht werden können:

> Ich habe meinen Schülern und Anhängern immer nahe gelegt, meine Metapsychologie als das zu nehmen, was sie ist, als eine stets weiterzuentwickelnde Heuristik, die von mir hypothetisch formuliert wurde und um deren Widerlegung ich mich noch zu meinen Lebzeiten immer wieder bemüht habe. ... was mich aber ... schmerzt, ist der Umstand, dass viele meiner Schüler eine Tendenz zur Heiligsprechung meiner von mir selbst immer nur als erste tastende Versuche verstandenen Erkenntnisse vorgenommen haben, so als hätten viele nicht den Mut gehabt, weiterzudenken ... Ich persönlich glaube, dass sich Metaphern und Modelle zwar dem Geist der Zeit entsprechend verändert haben, dass aber doch einiges von dem, das für mich wichtig war, in der Gegenwart auf erstaunliche Weise bestätigt wird: nichts von dem in der Kindheit einstmals Erlittenen wird vergessen, auch wenn es nicht mehr bewusst erinnert werden kann; frühe Traumatisierungen verändern sogar den Gen-Ausdruck; Krankheiten, die den heutigen Erwachsenen befallen, wurden vor 30, 40 Jahren bereits grundgelegt. Die Existenz unbewusster seelischer Vorgänge, deren Annahme mit zu den schlimmsten Entwertungen der Psychoanalyse geführt hat, gilt heute in den Neuro- und Kognitionswissenschaften als unumstößliches Faktum. Wie sehr frühere Beziehungserfahrungen auch unsere Wahrnehmung gegenwärtiger Menschen prägen, ist Gegenstand ausgedehnter Forschungen in der Sozialpsychologie. Und so ließe sich noch vieles anführen, was zu einer erstaunlichen Bestätigung meiner psychoanalytischen Hypothesen geführt hat, auch wenn dies oftmals unter völlig anderen Begrifflichkeiten abgehandelt wird. Psychoanalytiker, das wäre mein Wunsch, sollten aufpassen, dass sich nicht andere Wissenschaften mit unseren Erkenntnissen schmücken und uns bzw. die Psychoanalyse in der Öffentlichkeit als altmodische und wissenschaftlich überholte Disziplin darstellen. (Mertens 2000a, S. 284)

Dies ist aus einem fiktiven Interview mit Sigmund Freud von Wolfgang Mertens, Professor für Klinische Psychologie an der Universität München.

4. Kapitel

Psychoanalytische Entwicklungspsychologie

> Einen Menschen psychoanalytisch verstehen heißt immer auch zu verstehen, wie eine bestimmte Person sich entwickelt hat und wer diese Person geworden ist.
>
> *Donna M. Orange*

Immer wieder einmal stößt die Absicht der Psychoanalyse, die Vergangenheit eines Menschen zu erforschen und damit verstehen zu wollen, wie ein Mensch geworden ist wie er ist, auf Widerspruch. Der Protest kann sich in unterschiedliche Gewänder kleiden, etwa in die Frage: Warum ist das denn wichtig? Heute ist heute und gestern war gestern. Ich blicke in die Zukunft. Oder: Nur im Hier und Jetzt entfalten sich die Beziehungen eines Menschen, die Vergangenheit spielt dabei keine Rolle.

Die Geschichtslosigkeit ist nicht ganz ungefährlich. Ich möchte zeigen, dass die Psychoanalyse ohne die Berücksichtigung der kindlichen Vergangenheit eines Menschen gar nicht auskommt, weder wissenschaftlich noch menschlich.

Warum finden Psychoanalytiker die frühe Kindheit so wichtig?

Die psychoanalytische Entwicklungspsychologie hat in den letzten Jahrzehnten eine solche Blüte erlebt, dass allein durch sie der wissenschaftliche Wert der Psychoanalyse auf Jahrzehnte hinaus gesichert ist.

Zu Beginn des letzten Jahrhunderts erforschte Sigmund Freud die kindliche Sexualität. Auch wenn er meinte, dass jedes Kindermädchen vor ihm gewusst habe, dass kleine Kinder sexuelle Gefühle hätten, ist doch er es gewesen, der die kindliche Sexualität als Erster wissenschaftlich in den Blick genommen hat. Er gab der Entwicklung in den ersten

Lebensjahren jene Bedeutung, die heute allgemein anerkannt ist. Er hat die erste Kinderpsychotherapie veranlasst (*Analyse der Phobie eines fünfjährigen Knaben*, auch als *Der kleine Hans* bekannt geworden); er schätzte und liebte Kinder und hing besonders stark an seinem Enkel Heinerle, den er früh verlor. Nicht zuletzt behauptete er von sich selbst, dass eines seiner wesentlichen Forschungsfelder das Kinderzimmer zu Hause gewesen sei.

Von ihm stammt die Annahme, dass die ersten fünf Jahre eines jeden menschlichen Lebens die für die Entwicklung Entscheidenden seien. Diese Beobachtung Freuds wird heute von den Neurowissenschaften bestätigt. Von ihm wissen wir, dass die nicht mehr erinnerten und unbewusst gewordenen Erlebnisse, Eindrücke, Interaktionen, Beziehungsmodalitäten der ersten Lebensjahre die menschliche Entwicklung und Beziehungsgestaltung lebenslang bestimmen.

Erinnern wir uns: Vor Freud wurden Kinder im allgemeinen als unschuldige Engelchen, als Wesen ohne Sexualität, als »unwissend« erlebt und beschrieben. Die Kindheit hatte vor Freud keinen besonderen Raum, war keine herausgehobene Lebensphase, der eine zentrale Bedeutung für das spätere Leben zugesprochen wurde, sondern man nahm die Dinge, wie sie zu sein schienen. Elterliche Anlagen bestimmten angeblich den Lebensweg eines zukünftigen Menschen und nicht etwa der Austausch mit seiner ersten menschlichen Umgebung, mit Mutter, Vater, Geschwistern, Freunden, Nachbarn, Onkeln und Tanten.

Bevor ich auf die Ergebnisse der psychoanalytischen Entwicklungspsychologie im engeren Sinn eingehe, möchte ich einige Ergebnisse und Ansichten experimenteller Forscher aus der Psychiatrie und der Neurophysiologie darstellen.

Experimentell gewonnene Ergebnisse über die frühkindliche Entwicklung

Der schon genannte Hoimar von Dithfurt, beileibe kein Freund der Psychoanalyse, stellt sich in seiner Autobiographie *Innenansichten eines Artgenossen* (1989) die Frage, was sich denn wohl im Gehirn eines Warmblüters, er meint hier sein eigenes kleines Gehirn in den ersten beiden Lebensjahren, abspiele. Der Anhängerschaft der Psychoanalyse also unverdächtig, zitiert er die aus den fünfziger Jahren stammenden Forschungsergebnisse des bekannten australischen Hirnforschers und Nobelpreisträgers John C. Eccles:

> Mit Hilfe komplizierter Experimente gelang es ihm nachzuweisen, daß bestimmte psychische Leistungen elementarer Art, zum Beispiel Wahrnehmungsprozesse, in diesem frühen Lebensalter im Mikroskop sichtbare anatomische Veränderungen an den für diese Leistungen »zuständigen« Nervenzellen bewirken. Vereinfacht gesagt: Eccles fand heraus ... daß sich das jugendliche Gehirn in dieser Lebensphase mit psychischen Anforderungen so ähnlich »trainieren« läßt wie dic Körpermuskulatur durch ein sportliches Übungsprogramm. Aber nur so ähnlich: ein besonders auffälliger (und praktisch sehr bedeutsamer) Aspekt der Befunde von Eccles besteht darin, daß sich diese Veränderungen nur während einer mehr oder weniger scharf umschriebenen Frist in diesem ersten Lebensabschnitt »durch Training« hervorrufen lassen und daß sie offenbar bleibender Natur sind. Und ebenso gilt umgekehrt: Wenn die »sensible Frist« zur Erzeugung dieser Trainingseffekte im Gehirn einmal verpaßt und verstrichen war (etwa indem man den Versuchstieren die entsprechenden Sinneseindrücke vorenthielt), dann ließen sie sich nicht mehr erzeugen. (v. Dithfurth 1989, S. 29)

Das war ein sensationeller Befund bezüglich der Plastizität und Beeinflussbarkeit junger Gehirne in den ersten Lebensjahren. *Eccles hatte damit erstmals bewiesen, dass anatomische Veränderungen im Gehirn von Kindern und Jugendlichen das Ergebnis von Nervenreizen sind, die von der Umwelt ausgehen, aber auch, dass diese an »sensible Phasen« gebunden sind.*

Später wurden diese Experimente verfeinert: So konnten junge Katzen, die in Räumen mit quer gestreiften Wänden aufwuchsen, nicht aber längsgestreifte optische Reize enthielten, später zwar Treppen besteigen, nicht aber auf einen Baum klettern und umgekehrt. Diese Kenntnisse waren später *unkorrigierbar.*

> Wir dürfen sie auch betrachten als unübersehbare Hinweise auf die außerordentliche, die wahrhaft lebensentscheidende Bedeutung, die bestimmten frühkindlichen Umwelteinflüssen menschlicher Neugeborener zukommen dürfte. (v. Dithfurth 1998, S. 31)

Das hatte dic Psychoanalyse seit Sigmund Freud stets betont. Zufrieden stellend ist es aber, die Ergebnisse des naturwissenschaftlichen Experimentes in Händen zu haben, um die frühen Hypothesen über die Relevanz der Umwelteinflüsse in den ersten Lebensmonaten im Leben eines Menschenkindes auch beweisen zu können.

Inzwischen hat sich die Forschung rasant weiterentwickelt. Eine sehr grobe Schätzung über das Verhältnis von angeborenen und erworbenen

Eigenschaften versucht Gerhard Roth, Professor für Verhaltensphysiologie in Bremen. Auf der Basis vorliegender Forschungsergebnisse gibt er folgende Zahlen an:

> Im strengen Sinne genetisch determiniert scheint die Persönlichkeit zu 40 bis 50 Prozent zu sein; ca. 30 bis 40 Prozent gehen auf das Konto von Prägungs- und Erlebnisprozessen im Alter zwischen null und fünf Jahren. Nur zu etwa 20 Prozent scheint die Persönlichkeitsstruktur durch spätere Erlebnisse und durch elterliche und schulische Erziehung beeinflusst zu werden. (Roth 2001, S. 35)

Man kann sagen »leider«, man kann auch sagen »glücklicherweise«. Die genannten Zahlen gewinnen durch die Erfahrung einer langjährigen therapeutischen Praxis Plausibilität. »Leider«, weil die 20%, die die spätere Veränderungsmöglichkeit betreffen, notwendig auch die Einschränkung der Wirksamkeit einer Psychotherapie umfassen. »Glücklicherweise«, weil damit immer klarer wird und für die psychische Prophylaxe eindeutiger, wie wichtig die von Sigmund Freud stets gewürdigten fünf ersten Lebensjahre für die Gesundheit eines Kindes und späteren Erwachsenen ein Leben lang sind.

Roth beansprucht nicht, dass diese Zahlen eine letztgültige, absolute Wahrheit darstellen. Er möchte nur zu bedenken geben, dass der »Erziehungsoptimismus« der siebziger und achtziger Jahre des letzten Jahrhunderts durch die derzeitige Datenlage nicht gestützt wird. Wenn man aber die von Freud und allen Psychoanalytikern nach ihm bis heute stets betonte Wichtigkeit der ersten fünf Lebensjahre als »Erziehungszeit« mit berücksichtigt und zwar als die allerwichtigste für das ganze Leben, dann haben wir eine schon über sechzigprozentige Chance, ein menschliches Leben günstig zu beeinflussen, möglicherweise aber noch mehr.

Die Entdeckung der kindlichen Frühentwicklung

In seiner damals Bahn brechenden Arbeit *Drei Abhandlungen zur Sexualtheorie* (1905) teilt Sigmund Freud die frühe Entwicklung eines Kindes im Alter von null bis sechs Jahren in drei Phasen ein. Die wichtigsten psychosexuellen Entwicklungsstadien waren nach Sigmund Freud für das erste Lebensjahr die Dominanz all dessen, was sich um den Mund herum abspielt, für das zweite Lebensjahr die Bedeutung der Reinlichkeitserziehung und die lustvollen Gefühle des Kindes um den Anus herum, für das vierte/fünfte Lebensjahr die Entdeckung der kindlichen genitalen Ausstattung und die Konkurrenz mit dem gleichgeschlechtlichen Elternteil als Namen gebend für seine Phaseneinteilung. Er nannte diese Stadien die orale, die anale und die phallische bzw. ödipale Phase.

In den Jahrzehnten nach Freud wurden die psychosexuellen Entwicklungsphasen ergänzt durch die Beschreibung zahlreicher anderer Kompetenzen des Kleinkindes. Man entdeckte zunehmend die zahlreichen Fähigkeiten eines Säuglings und Kleinkindes, deren Entwicklung ständig noch vordatiert werden musste. Heute nimmt die psychoanalytische Beschreibung der Entwicklung der Motorik, der Affektregulation, der Gefühle, der Wahrnehmung, der Sprache, der Beziehungen und des Selbst einen ebenso großen Raum ein wie die psychosexuelle Entwicklung.

Insbesondere die Entwicklung des Selbst ist überaus interessant und kann hier nur angedeutet werden. Der Hirnforscher und Nobelpreisträger John Eccles hat diese Entwicklung an die uralte philosophische Frage des Dualismus von Gehirn und Bewusstsein gekoppelt und damit sein gesamtes wissenschaftliche Gewicht in die Wagschale gegen die »verstockten« Materialisten (Eccles 1996) geworfen, die da glauben, das Gehirn steuere das Selbst, nicht umgekehrt. Damit ist auch die in letzter Zeit viel diskutierte, aber bisher durch nichts bewiesene These verbunden, der Mensch habe keinen freien Willen, sondern sei abhängig von der materiellen Struktur seines Gehirns, daher letzten Endes nicht verantwortlich für sein Tun.

Daniel Stern, Entwicklungsforscher der frühesten Mutter-Kind-Interaktion, hat genau beschrieben, wie sich das Selbst in der frühesten Kindheit im Kontakt mit der Mutter langsam herausentwickelt. Es kann als das Zentrum des menschlichen Fühlens, Seins, Denkens und Glaubens aufgefasst werden. Es regiert das Gehirn, nicht umgekehrt. Die beiden ursprünglich aus sehr verschiedenen wissenschaftlichen Forschungsfeldern stammenden Ansätze zu verbinden, ist eine lohnende Aufgabe für eine zukünftige psychoanalytische Entwicklungspsychologie und ihre Anwendung in der psychoanalytischen Praxis (Tömmel, in Vorbereitung).

Der Säugling und das Kleinkind entwickeln im frühesten Austausch mit der Mutter nicht nur das »aufkeimende Selbst« (Stern), sondern auch die Kerngeschlechtsidentität, die grundsätzliche Fähigkeit zu lieben und die Fähigkeit, soziale Beziehungen später »stressfrei« organisieren zu können. Auch die Fähigkeiten zur Partnerschaft werden in diesem frühen Alter bereits Grund gelegt.

> Das Kennenlernen der Welt erfolgt zunächst über den Mund, den Spitz als die »Wiege der Wahrnehmung« bezeichnete. Selbst wenn der schon ältere Säugling nicht mehr alles in den Mund führt (und manche Kinder auch das Daumenlutschen schon nach einigen Wochen wieder aufgeben), nimmt doch die Form des Begreifens seinen Weg ursprünglich über eine Hand-Mund-Koordination. Auch beim Erwachsenen vermittelt das lustvolle Begreifen und das mit allen Sinnen Aufnehmen des geliebten Anderen, das ihn Sehen, Hören, Schmecken, Riechen und Spüren einen leidenschaftlichen Erkenntniszusammenhang, der natürlich auch auf andere Menschen und auch auf andere Aspekte und Bereiche, wie z. B. auf die Leidenschaft des Erkennens und Begreifens, übertragen werden kann. (Mertens 1992, S. 57)

Schwere Traumatisierungen in diesem Alter wie Desinteresse am Baby, Alkohol- und Drogenmissbrauch der Eltern, Misshandlung, sexueller Missbrauch, häufiges Alleingelassenwerden des Kindes durch die Eltern, körperliche Strafen, insgesamt das Vorherrschen eines Klimas latenter oder manifester Gewalt können unter Umständen nie wieder gut zu machende Zerstörungen in einem heranwachsenden Kind anrichten. Neurotische Störungen aber können in der nicht einfachen Entwicklung des Säuglings und Kleinkindes in jeder Familie oder familiären Gruppe vorkommen, auch wenn Eltern und nahe stehende Personen es gut mit dem Kind meinen und alles tun, es »glücklich« erwachsen werden zu lassen. Man muss es immer und immer wieder betonen: Ein Säugling und ein Kleinkind brauchen *sehr viel Nähe, Liebe und Zärtlichkeit von ihrer Mutter und der nahen Umgebung, aber auch Spielräume für ein frühes Erleben des eigenen Selbst.* Und die Liebe der Erziehungspersonen sollte niemals eine »ausbeuterische«, vorwiegend den Bedürfnissen der erwachsenen Person dienende sein. Von Beginn des Lebens an ist ein Kind ein Anderes, etwas, was anerkannt werden sollte als ein eigenes Wesen.

Wenn die leibliche Mutter aus irgendeinem unglücklichen Grund nicht persönlich zur Verfügung steht, kann das Kind einer anderen nahen Bezugsperson anvertraut werden. Ohne eine solche kann es nie gedeihen.

Die unterschiedlichen Kulturen auf unserem Planeten liefern viele Beispiele dafür, wie die primäre gute Betreuung geschehen kann: Es gibt zahlreiche Variationen in der Aufzucht kleiner Kinder, die – selbstverständlich – auch den kulturell dann dominierenden Charakter des späteren Erwachsenen mitbestimmen. Aber *vor* jeder Kultur gibt es Bedürfnisse eines Kleinkindes, die biologisch, physiologisch und psychologisch immer gleich sind: Nähe, Zärtlichkeit, Liebe und Anerkennung.

Nebenbei bemerkt gilt dies zum Teil schon für höhere Säugetiere: Wer aufmerksam hinsieht, wie Katzen ihre Jungen durch zärtliche Stimulation

»zum Leben verführen«, und wer die Photos jenes Gorillaweibchens gesehen hat, das ein dreijähriges Kind, das in ein Affengehege im Brookfield-Zoo hineingefallen war, behutsam aufhob und dem Wärter in die Arme legte (Der Spiegel 33, 2002, S. 141), wird hieran nicht mehr zweifeln können.

Außer Zärtlichkeit und Nähe, Bedürfnisse, die das Menschenkind mit seinen Säugervorfahren teilt, braucht letzteres aber auch die liebevolle Vermittlung in die es umgebende Kultur, vor allem vermittelt durch die Sprache. Man weiß, dass die Experimente, Kinder aufzuziehen, ohne mit ihnen zu sprechen, tödlich ausgingen. Und wer kleine Schulversager untersucht, wird nicht lange auf Anzeichen einer früheren Sprachvernachlässigung, was ja auch immer heißt: einer allgemeinen Vernachlässigung, warten müssen. Wer keine Zeit hat, mit seinen Kindern zu sprechen, wer ihnen keine Geschichten erzählt und Verse vorliest, wer nicht mit ihnen spricht und sich für ihre kleine Welt nicht interessiert, kann nicht erwarten, dass ein Kind gerne lernt und später kleine Schriftsteller mit guten Aufsätzen aus ihm wird. Verschiedene Eltern haben verschiedene Talente: Es ist ganz gleich, was und wie Eltern vermitteln, was sie wichtig finden und gerne tun, im Einvernehmen mit den Kindern, ihrem jeweiligen Alter und ihrer jeweils gegebenen Aufnahmefähigkeit entsprechend. Wichtig ist das Interesse, das die Eltern für die Kinder zeigen – es stärkt deren Selbstbewusstsein, das Gefühl, wichtig in dieser Welt zu sein, einzigartig und willkommen.

Keine Karriere in der Gesellschaft dürfte es wert sein, kleine Kinder auch nur eine Stunde am Tag allein zu lassen, wie es immer und immer wieder geschieht.

Nach den ersten sechs Jahren seines Lebens hat das Kleinkind den ersten, den »ödipal« genannten Triebschub hinter sich und interessiert sich nun auch für die Welt außerhalb des engsten Umkreises. Meist ist dies der Zeitpunkt, an dem eine historisch gegebene Gesellschaft auch das Einschulungsalter festgelegt hat. Alles, was das Kind bis dahin an Lebenserfahrung hat sammeln können, wird es nun in die Schule einbringen.

Das Kind wird es nun manchmal wichtiger finden, »was die Lehrerin« sagt (Mertens 1992, S. 117), als das, was es zu Hause hört. Die zunehmende Fähigkeit, sich in andere Menschen einzufühlen sowie die Ausweitung der Intelligenz und der Interessen sind charakteristisch für dieses Alter.

Auch für diesen Lebensabschnitt gilt: Schwere Versäumnisse in den ersten Lebensjahren, Traumatisierungen und Erfahrungen von Gewalt gehen zu Lasten der Entwicklung, auch dann, wenn später angeblich »niemand sich das erklären kann«.

Oft ist in der Bevölkerung die Meinung verbreitet, man könne durch Strenge leicht korrigieren, wenn ein Kind nicht den Erwartungen der Eltern oder anderer Erziehungspersonen entspricht: Wenn es zu Hause und in der Schule »herumhängt«, soll es sich mehr anstrengen, wenn es lustlos, traurig, interesselos ist, wenn es »keinen Bock« hat, mit anderen Kindern zu spielen, wird dies häufig als nicht so wichtig, »es wird sich schon wieder geben«, als harmlos oder »typisch Entwicklungsjahre« bezeichnet.

Für Kinder gilt dasselbe wie für Erwachsene: Wenn ein Kind auffallende Traurigkeit, Widerspenstigkeit, Schulversagen, Lügen, Stehlen, depressive Verstimmungen zeigt, ist es wichtig, einen Psychoanalytiker zu konsultieren. Damit ist noch keine Therapie eingeleitet oder eine Verpflichtung dazu eingegangen. Die gesetzlichen und die privaten Krankenkassen in Deutschland zahlen mehrere Vorgespräche, in welchen sich klären lässt, ob eine Therapie für ein Kind nützlich oder vielleicht doch nicht notwendig ist. Niemand sollte Angst haben, sich zu früh bei einem Therapeuten vorgestellt zu haben.

Warum sind psychische Störungen so »kompliziert«?

Manche Kinder und Erwachsene leiden unter Symptomen, die der näheren Umgebung auffallen und der häufigste Grund sind, einen Psychoanalytiker zu konsultieren. In die Therapie kommen die meisten Menschen vor allem deshalb, weil sie ein Symptom los werden wollen.

Das, was man sieht, ist aber nicht die Ursache der Krankheit oder die Krankheit selbst. Was man sieht, sind Symptome. Diese können äußerst bizarr sein, aber auch ein ganz harmloses Aussehen haben. Ein aggressives Kind, das alle, Eltern, Lehrer und Mitschüler nervt, kann viele Gründe haben, aggressiv zu sein. Diese können situativer Natur sein, d. h. aus einer momentanen und schnell wieder vorbei gehenden Wut resultieren. In diesem Fall ist es nicht notwendig, einen Therapeuten zu konsultieren. Es ist aber auch möglich, dass weit zurück reichende Ursachen die Wut und Enttäuschung eines Kindes hervorgerufen haben, die nicht ohne weiteres erkennbar sind, vor allem nicht für das von aggressivem Verhalten geplagte Kind selbst. Hält die Wut, die Aggression, das vielleicht selbstdestruktive Verhalten eines Kindes an, kommen möglicherweise selbstdestruktive Mechanismen hinzu, wie z. B. Schneiden der Haut, Suchttendenzen, (Magersucht und Bulimie gehören ebenso dazu wie Anfälligkeit für Alkohol und andere Drogen), dann ist es ratsam, einen analytischen Kinder- und Jugendlichen-Psychotherapeuten aufzusuchen. Denn selbst- und fremddestruktives Verhalten sind keineswegs »harmlos«. Es geht nicht nur um das Verhalten an der Oberfläche, sondern um das, was sich dahinter verbirgt.

Psychische Störungen entwickeln sich oft ganz langsam. Ihre Ursachen können in den ersten Lebensjahren liegen, ohne dass die Eltern davon etwas bemerkt haben müssen oder sich an ein Versäumnis erinnern können. Es ist ja keine Willkür, dass Kinder- und Jugendlichen-Psychotherapeuten sowohl mit den Kindern oder Jugendlichen als auch mit deren Eltern arbeiten. Noch sehr kleine Kinder müssen nichts erzählen, sie können auch im Spiel ihre Konflikte, ihre Enttäuschungen und ihren Kummer ausdrücken. Zahlreiche Eltern sind im Erstgespräch mit einem Therapeuten vielleicht »bockig«, weil sie nicht sehen wollen, dass auch dann etwas schief gehen kann mit ihren Kindern, wenn sie »das beste gewollt« haben. Ein Kind, das Schulschwierigkeiten hat, ist, wenn es eine normale Intelligenz aufweist, mit ziemlicher Sicherheit ständig mit etwas anderem beschäftigt: vielleicht mit der Beziehung der Eltern, die nicht harmonisch ist, oder mit Konflikten zuhause, die es keine freien Valenzen haben lässt, um sich ungestört auf die Schule konzentrieren zu können. Verlusterlebnisse, wie der Tod eines Elternteils oder eines Geschwisters, traumatische Erlebnisse, wenn das kindliche Ich noch zu schwach ist, um diese einzuordnen, können sich ebenfalls störend auf jede Konzentrationsfähigkeit auswirken.

Alle diese Störungen können »unbewusst« sein, d. h. es handelt sich eben um jene geheimnisvolle Größe, die Sigmund Freud im Laufe seines Schaffens vielleicht am meisten beschäftigt hat und deren Wirksamkeit im Alltag, im Bewussten, in der Schule oder in beruflichen Handlungen, in kulturellen und politischen Zusammenhängen eine seiner größten Entdeckungen gewesen ist.

5. Kapitel

Das »Unbewusste« – Zentrum psychoanalytischen Denkens

> Es ist sehr bemerkenswert, daß das Unbewußte eines Menschen mit Umgehung des Bewußten auf das Unbewußte eines anderen reagieren kann.
>
> *Sigmund Freud*

Muss man etwas über das Unbewusste wissen?

Viele Menschen meinen immer noch, das Unbewusste sei eine Erfindung der Psychoanalyse. Es existiere gar nicht, weil man ja auch nicht spürt, dass und wo es ist. Aber wir sehen und schmecken auch die Elektrizität nicht und doch ist sie ein wichtiger Teil unseres Lebens und dazu noch ein Gegenstand naturwissenschaftlicher Forschung. Es gibt viele Dinge, die wir nicht unmittelbar sehen können und doch spielen sie eine zentrale Rolle. Das Unbewusste ist auch nicht einfach eine Annahme, mit Hilfe derer man andere Erscheinungen erklären kann. Es existiert tatsächlich, ist so wirklich wie Äpfel und Birnen.

Muss man also doch etwas über das Unbewusste wissen?

Ich glaube, man muss. Wenn wir unsere Träume verstehen wollen, wenn wir wissen wollen, weshalb uns plötzlich eine Idee einfällt und wir sie schleunigst ausführen wollen, wenn wir einen Einfall haben, wie wir das nächste Fest gestalten wollen: All dies wird, wie die Hirnforscher heute sagen, im Unbewussten schon vorbereitet.

Noch wichtiger aber ist es, etwas über das Unbewusste zu wissen, wenn wir an Störungen leiden: an negativen Stimmungen, an depressiven Einbrüchen, an unerklärlichen Ängsten, an Albträumen. Genau dies waren die Phänomene, denen Freud auf die Spur kommen wollte.

Das Unbewusste ist zwar nicht eine ureigene Entdeckung Sigmund Freuds, er war aber der erste Wissenschaftler, der es explizit zum Gegenstand seiner wissenschaftlichen Erforschung machte. Vor ihm hatte die Philosophie vom Unbewussten Kenntnis genommen (vgl. Gödde 1999) und auch der zu seiner Zeit berühmte Psychiater Wilhelm Griesinger hatte schon gemeint, es gebe ein Unbewusstes (1867).

Im Verlauf seiner Forschungen hatte Sigmund Freud die Erfahrung gemacht, dass es so etwas wie »das Unbewusste« geben müsse. Gegen alle Widerstände von Wissenschaftlern und auch Laien setzte er seine Absicht durch, die Natur unbewusster Prozesse, ihre Herkunft, Wirkung und ihr Aussehen, zum zentralen Gegenstand seiner Arbeit zu machen.

Das Unbewusste ist – der Natur der Sache nach – selbst nicht zugänglich; wir können es nur auf dem Umweg über das Bewusste feststellen:

> Die Berechtigung, ein unbewußtes Seelisches anzunehmen und mit dieser Annahme wissenschaftlich zu arbeiten, wird uns von vielen Seiten bestritten. Wir können dagegen anführen, daß die Annahme des Unbewußten *notwendig* und *legitim* ist, und daß wir für die Existenz des Unbewußten mehrfache Beweise besitzen ... sowohl bei Gesunden als bei Kranken kommen häufig psychische Akte vor, welche zu ihrer Erklärung andere Akte voraussetzen, für die aber das Bewußtsein nicht zeugt. Solche Akte sind nicht nur die Fehlhandlungen und die Träume bei Gesunden, alles, was man psychische Symptome und Zwangserscheinungen heißt, bei Kranken – unsere persönlichste tägliche Erfahrung macht uns mit Einfällen bekannt, deren Herkunft wir nicht kennen, und mit Denkresultaten, deren Ausarbeitung uns verborgen geblieben ist. (Freud 1913, S. 165)

Freud entdeckte also die Macht des Unbewusstem auf rein beobachtender empirischer Grundlage. Anders als durch die Existenz eines Unbewussten konnte er nicht erklären, wie es zu Träumen, Fehlleistungen, Einfällen und psychischen Krankheitssymptomen kommt.

Das Unbewusste ist auch der Ort des Verdrängten, also der seelischen Regungen und Inhalte, die, zunächst bewusst, vielleicht verpönt sind und deshalb vom Bewusstsein ausgeschlossen werden müssen, zum Beispiel Liebesregungen gegenüber jemandem, der oder die nicht zu haben ist. Aber:

> ... das Verdrängte (deckt) nicht alles Unbewußte ... Das Unbewußte hat den weiteren Umfang; das Verdrängte ist ein Teil des Unbewußten. (ebd., S. 264)

Und:

> Wir müssen bereit sein, nicht nur ein zweites Bewußtsein in uns anzunehmen, sondern auch ein drittes, viertes, vielleicht eine unabschließbare Reihe von Bewußtseinszuständen, die sämtlich uns und miteinander unbekannt sind. Drittens kommt als schwerstes Argument in Betracht, daß wir durch die analytische Untersuchung erfahren, ein Teil dieser latenten Vorgänge besitze Charaktere und Eigentümlichkeiten, welche uns fremd, selbst unglaublich erscheinen und den uns bekannten Eigenschaften des Bewußten direkt zuwiderlaufen. Somit werden wir Grund haben, den gegen die eigene Person gewendeten Schluß dahin abzuändern, er beweise uns nicht ein zweites Bewußtsein in uns, sondern die Existenz von *psychischen Akten, welche des Bewußtseins entbehren.* (ebd., S. 269)

Damit hat Freud nachweislich nicht nur das so genannte »dynamische Unbewusste« entdeckt, das identisch ist mit etwas Bewusstem, was verdrängt wurde, sondern das »umfassende Unbewusste«, das heute allgemein von den Hirnphysiologen bejaht wird.

Deshalb kann Freud

> als der erste *systematische* Denker gelten, der die Gleichsetzung von Bewusstsein und Psychischem überwindet, die über 250 Jahre lang in der Philosophie der Moderne tonangebend war (Mertens 2000 a, S. 63).

Freud hat damit die heutigen Resultate der Hirnforschung vorweg genommen; denn anders als oft beschrieben, ist für Sigmund Freud das Unbewusste keineswegs identisch mit dem zuvor bewusst gewesenen Verdrängten, sondern es hat den »weiteren Umfang«, es ist prinzipiell unbegrenzt.

Moderne Hirnphysiologen nennen den Teil des Gedächtnisses, der dem Bewusstsein und der sprachlichen Formulierung, damit der Kommunikation und der Anteilnahme der Mitmenschen zugänglich ist, *das deklarative Gedächtnis*. Es enthält alles, was offen und bewusst kommuniziert werden kann.

Weite Teile der speichernden Hirntätigkeit sind nach Ansicht der modernen Hirnforschung jedoch unbewusst. Hierzu gehört beispielsweise das *sogenannte implizite Gedächtnis, wozu auch das implizite Beziehungsgedächtnis gehört. Gemeint ist hiermit, dass jeder Mensch aus den frühesten Lebensmonaten und -jahren eine unbewusste Erinnerung an seine frühesten Beziehungserfahrungen besitzt. Diese Beziehungserfahrungen selbst müssen nicht bewusst werden, sondern sie werden nach Form, Inhalt und Ausgestaltung in Beziehungen mit anderen Menschen »selbstverständlich« wiederholt.*

In der psychoanalytischen Therapie kann ein Therapeut diese deshalb nicht im Rahmen eines Gespräches feststellen, sondern eher in unterschiedlichen »Szenen« mit dem Patienten zusammen *erleben*, in denen er selbst eine oder mehrere Rollen vom Patienten zugewiesen bekommt, die für die Aufführung eines alten Dramas zu besetzen sind. Im Anschluss an das Erlebnis und dessen bewusster Reflexion ist eine Deutung möglich, das heißt, der Therapeut kann dem Patienten mitteilen, dass seine auch von ihm empfundene und agierte Beziehungsform nicht dem Hier und Jetzt, sondern dem Dort und Damals zu verdanken ist. Dies hat häufig ein »Aha«-Erlebnis zur Folge oder bildet einen »Gegenwartsmoment« (Stern 2005) in der Therapie.

Die Forschungsergebnisse aus jüngster Zeit sind von großer Tragweite. Sigmund Freud hatte in seinem berühmten Aufsatz *Jenseits des Lustprinzips* (1920) davon gesprochen, dass wir alle unter dem *Diktat des Wiederholungszwanges* stünden; der Wiederholungszwang selbst ist unbewusst, kann aber dem Bewusstsein durch eine Therapie geöffnet werden. Nicht jeder Mensch lebe nach dem Lustprinzip, sondern traumatische Erfahrungen hätten die Tendenz, immer und immer wiederholt zu werden. Damit würden unbewusst gerade die Situationen neu hergestellt, die ursprünglich traumatisch waren und eigentlich vermieden werden sollten.

Es ist eine der *zentralen, wenn nicht die zentrale Aufgabe* des psychoanalytischen Prozesses, die Beschaffenheit der beim Menschen individuell sehr verschiedenen *Wiederholungszwänge* zu erkennen, zu deuten und damit unwirksam werden zu lassen bzw. zu mildern. Die Überwindung des Wiederholungszwanges ist die *schwerste Aufgabe für den Patienten und den Therapeuten*, weil hier der Ort des *größten unbewussten Widerstandes*, der größten Beharrlichkeit des Patienten liegt.

An dieser Stelle findet sich auch eine Nahtstelle für eine zukünftige Verknüpfung von kognitionspsychologischen und psychoanalytischen Erkenntnissen, welche vielleicht in Zukunft fruchtbar werden könnte. Ein Kinderhirn ist nach der Geburt so plastisch, beweglich und beeindruckbar, dass es durch traumatische Erlebnisse unter Umständen für immer zerstört werden kann. Die Diagnose der »Borderline-Erkrankung« könnte genau dies enthalten: eine Verletzung noch unreifer Hirnstrukturen, die sich nicht nur quasi-organisch darstellen, sondern es auch sind. Es ist schon beeindruckend, wie manche Patienten in der psychoanalytischen Therapie diese basale Verletzung beschreiben: Bei geeigneten Auslösern, z. B. drohendem Verlassenwerden, Verrat oder Einsamkeit, passiere etwas, was sich anfühle wie etwas, das ihnen »das Hirn zerreißt«, »im Kopf schreckliche Schmerzen« zufügt, was sie in ein dunkles Loch fallen lässt oder: »Ich fühle mich so, als ob jemand mich in der Wüste aussetzt und ich sterben werde. Das Hirn zerreißt vor Schmerz.«

Die unbewusste Tätigkeit des menschlichen Gehirns besteht jedoch nicht nur aus der Verarbeitung von Erlebnissen, die ursprünglich »außen« waren und dann zu einem innerpersönlichen Datum werden, sondern das Gehirn des Menschen ist zu *großen Teilen mit sich selbst beschäftigt* (Singer 2002, Görnitz und Görnitz 2002). Diese Erkenntnis verändert die Anschauung vom menschlichen Gehirn als einem bloßen Verarbeitungsinstrument für äußere Daten und Fakten. Sie gibt Spielraum für die Beschäftigung mit schwer erforschbaren inneren Prozessen, die überdies große Unterschiede von Individuum zu Individuum aufweisen. In dieser Erkenntnis liegt auch die Chance, bisher wenig verstandene Unterschiede bezüglich der männlichen und weiblichen (durchschnittlich erwartbaren) individuellen Hirnausstattung zu erkennen (Roth 2001, Bischof-Köhler 2002).

Freud konnte zu seiner Zeit nicht zurückgreifen auf uns heute vertraute Techniken, sondern er konnte lediglich von bizarren Krankheitssymptomen, Träumen, dem Versprechen, Verlegen, Vergessen und anderen Fehlleistungen zurückschließen auf eine andere Welt als die dem Bewusstsein zugehörige. Sein Buch *Die Traumdeutung* (1900) beschäftigte sich mit der Übersetzung des Unbewussten in bewusstes Wissen: *Wo Es war, soll Ich werden*; erfreulich ist, dass diese Erkenntnis inzwischen sehr weit verbreitet ist und weit ins Alltagsleben hineinwirkt. Das Alltagsleben zeigt, wie kreative Lösungen durch das Verständnis der Träume gefördert werden. So erzählt der derzeit beliebteste Koch in Rom, Heinz Beck, dass er Tellerkreationen nachts im Traume sieht:

> Denn im Schlafe entwirft er seine hoch komplizierten Rezepturen. Da sieht er sich allein in der großen »Pergola«-Küche (sein Restaurant, S. E. T.) und schichtet, so sein letztes Traum-Werk, Zucchini-Blüten im Bierteigmäntelchen auf einen Klecks Zucchini-Püree, platziert zwei Wachteleier und Kaviar darauf und beträufelt das kostbare Ensemble mit einer Consommé von Hummer und Scampi. Wenn er dann aufwacht, greift er sofort zu Block und Stift, die neben dem Bett bereitliegen: »sonst ist alles gleich wieder weg«. (Der Spiegel 35, 26.8.2002, S. 126)

Dies ist ein kleines und freundliches Beispiel für den Beitrag des Unbewussten, das sich, wenn der »Zensor« schläft, zu kreativen Berufs- oder Alltagslösungen aus den unbekannten Regionen unseres Gehirns meldet. Denn das Unbewusste ist nicht nur ein Reservoir von triebgesteuerten und potentiell auch gefährlichen Handlungen, sondern auch ein im Verborgenen existierender Schatz an Wissen, der zu den unterschiedlichsten kreativen und auch künstlerischen Aktivitäten den Stoff liefert.

Dass das Unbewusste eines Menschen mit dem eines anderen Menschen kommunizieren kann, hatte Freud bereits festgestellt. Dies ist auch eine alltägliche Erfahrung in der Therapie: Warum »weiß« ein Therapeut häufig (bei gegebener Empathie und gleichschwebender Aufmerksamkeit), was ein Patient gerade denkt und fühlt? Und manchmal vice versa, d. h. wieso weiß ein (begabter) Patient, was sein Analytiker, seine Analytikerin gerade denkt? Sind dies »ausgedehnte Quantenzustände«, wie Görnitz und Görnitz (2002) meinen, oder bieten sich auch andere Erklärungen an? Und warum ist das Kommunikationsergebnis zwischen verschiedenen Menschen verschieden, d. h. warum »weiß« ein Therapeut bei dem einen Patienten sofort, was dieser denkt, meint und fühlt, bei einem anderen aber nicht? Sicher sind Sozialisationsähnlichkeiten ein erklärender Faktor. Im Rahmen der eigenen Kultur »errät« man ebenfalls schneller, wer was wann zu welcher Zeit meint – auch ohne Worte. Aber diese Erklärungen sind noch nicht zufriedenstellend.

Unbewusst leben wir nach kindlichen Theorien aus den frühesten Lebensjahren

Zum Verständnis zuweilen bizarrer Krankheitssymptome, aber auch so weit verbreiteter seelischer Störungen wie Panikattacken und andere Angstanfälle, Depressionen, Zwänge usw. reicht es nicht aus, das Verhalten eines Menschen zu untersuchen, sondern vor allem sein inneres Erleben, seine Affekte und seine Gefühle, seine Gedanken, Vorstellungen und Phantasien kennenzulernen. Im Laufe des psychoanalytischen Prozesses werden Phantasien und Gefühle eines erkrankten Menschen verständlicher, wenn ein Patient zu seinem Therapeuten Vertrauen fasst und erzählen kann, welche Erlebnisse und an diese Erlebnisse geknüpften Erinnerungen und Gedanken, Phantasien und Hoffnungen, Wünsche und Absichten das ehemalige Kind hatte. Im Leben eines jeden Kindes bilden sich mehr oder weniger ausgearbeitete Phantasien und Theorien, von der frühesten Zeit seines Daseins an bis zur jeweiligen Lebenszeit, die noch auf nur rudimentärer Verstandestätigkeit beruhen, sich dem Alter entsprechend auf noch unausgereiftem kognitiven Niveau bewegen. Freud hatte beobachtet, dass Kinder sich sehr früh in ihrem Leben Gedanken über die Sexualität machen und auch darüber, »woher die Kinder kommen«. Zahlreiche kindliche Vorstellungen, wie z. B. die, ein Kind verlasse den Mutterleib durch den Bauchnabel, oder der Sexualakt sei eine »sadistische« Angelegenheit, weil Vater Mutter weh täte und ähnliche frühkindliche Theorien und Phantasien, wurden von Freud ausführlich beschrieben. Besonders klarsichtig ist jene Stelle in Freuds Aufsatz *Jenseits des Lustprinzips* (1920), in der er beschreibt, was aufgrund kindlichen Denkens in der Frühblüte des sexuellen Empfindens damals wie heute für das so häufige »Minderwertigkeitsgefühl« eines Neurotikers, aber auch des normalen, nicht kranken Menschen verantwortlich ist:

> Die Frühblüte des infantilen Sexuallebens war infolge der Unverträglichkeit ihrer Wünsche mit der Realität und der Unzulänglichkeit der kindlichen Entwicklungsstufe zum Untergang bestimmt. Sie ging bei den peinlichsten Anlässen unter tief schmerzlichen Empfindungen zugrunde. Der Liebesverlust und das Mißlingen hinterließen eine dauernde Beeinträchtigung des Selbstgefühls als narzißtische Narbe, nach meinen Erfahrungen wie nach den Ausführungen *Marcinowskis* den stärksten Beitrag zu dem häufigen »Minderwertigkeitsgefühl« der Neurotiker. Die Sexualforschung, der durch die körperliche Entwicklung des Kindes Schranken gesetzt werden, brachte es zu keinem befriedigenden Abschluß; daher die spätere Klage: Ich kann nichts fertig bringen, mir kann nichts gelingen. Die zärtliche Bindung, meist an den gegengeschlechtlichen Elternteil, erlag der Enttäuschung, dem vergeblichen Warten auf Befriedigung, der Eifersucht bei der Geburt eines neuen Kindes, die unzweideutig die Untreue des oder der Geliebten erwies; der eigene mit tragischem Ernst unternommene Versuch, selbst ein solches Kind zu schaffen, mißlang in beschämender Weise; die Abnahme der dem Kleinen gespendeten Zärtlichkeit, der gesteigerte Anspruch der Erziehung, ernste Worte und eine gelegentliche Bestrafung hatten endlich den ganzen Umfang der ihm zugefallenen *Verschmähung* enthüllt. Es gibt hier einige Typen, die regelmäßig wiederkehren, wie der typischen Liebe dieser Kinderzeit ein Ende gesetzt wird. (Freud 1920, S. 19)

Nicht zufällig weist diese Textstelle auch auf das emotionale Leid des kleinen Sigmund, das oben beschrieben wurde und das aus der Erfahrung der Verschmähung durch die Mutter entstanden war, die ihn mit zahlreichen Schwangerschaften »betrogen« hatte.

Auch die »Schicksale«, die manche Menschen anscheinend ganz unverdient erleiden, gehören nach Freud in die Kategorie »selbst bereitet« und »determiniert durch frühinfantile Einflüsse«:

> So kennt man Personen, bei denen jede menschliche Beziehung den gleichen Ausgang nimmt: Wohltäter, die von jedem ihrer Schützlinge nach einiger Zeit im Groll verlassen werden, so verschieden diese sonst auch sein mögen, denen also bestimmt scheint, alle Bitterkeit des Undankes auszukosten; Männer, bei denen jede Freundschaft den Ausgang nimmt, daß der Freund sie verrät; andere, die es unbestimmt oft in ihrem Leben wiederholen, eine andere Person zur großen Autorität für sich oder auch für die Öffentlichkeit zu erheben, und diese Autorität dann nach angemessener Zeit selbst stürzen, um sie durch eine neue zu ersetzen ... (ebd., S. 20)

Zahlreiche Schicksale, die vordergründig wie unverschuldetes Unglück aussehen (wie viele Menschen sagen heute z. B. »Ich habe immer Pech bei Männern/Frauen; niemand will mich und ich weiß nicht, wieso nicht!?«), sind auf infantile Einflüsse und auf infantile Theorien, die das einstige Kind aus seinen Erlebnissen gezogen hat, zurückzuführen. Diese beziehen sich nicht nur auf sexuelle Fragen und infantile Schicksale verschmähter Liebe; kindliche Theorien über die Welt beziehen sich auf die gesamte Umwelt des Kindes, auf seine Beziehungspersonen ebenso wie auf Dinge, Ereignisse, Erlebtes im weitesten Sinne. Sie prägen die Sichtweise der Welt, sind weitgehend unkorrigierbar, weil zum großen Teil unbewusst, und halten deshalb häufig bis zum Lebensende an. Sie beziehen sich im übrigen nicht nur auf unglücklich machende Umstände, sondern auch auf feste Vorstellungen von zukünftigem Glück, besonderen Erfolg, Anerkennung und Annahme durch Mitmenschen.

Beispiele für kindliche »Theorien über die Welt«

So erzählte eine Patientin, die zu Beginn des Zweiten Weltkrieges in Deutschland geboren wurde, sie habe als Fünfjährige sehr geweint, als sie hörte, dass eine von ihr bewunderte und geliebte Nachbarin einen Engländer heiraten wollte. Was hatte sie so bekümmert? Sie hatte in ihrer Familie gehört, dass die Engländer »jetzt schießen« und dass sie »Bomben werfen« würden. Von da an hatte sich in ihrem kindlichen Gehirn die Vorstellung gebildet: Alle Engländer schießen und werfen Bomben. Und sie habe, so sagt sie, schreckliche Angst gehabt, ihre liebe Nachbarin werde nachts im Bett von ihrem Mann erschossen, wenn sie einen Engländer heiraten würde. (Bemerkenswert ist immerhin, dass das ehemalige Kind gewusst zu haben scheint, dass »heiraten« etwas mit »Bett« zu tun haben musste! Wie anders wäre ihre Vorstellung, die Nachbarin stürbe im Bett, zu erklären?)

Auf die geschilderte Weise kommen, für die Erwachsenen meist ganz unbemerkt, Theorien zustande, die ein Leben unbewusst bestimmen können. Kinder sind vom frühesten Alter an ständig so vielen Eindrücken ausgesetzt, dass es ganz unmöglich ist, diese etwa so zu organisieren, dass sich mit Sicherheit in dem Kind niemals eine falsche Vorstellung bilden kann. Kein Erwachsener stellt sich (normalerweise) vor, was er oder sie einem Kind antun kann, indem sie oder er völlig »naiv« von Dingen berichtet, die von einem Kind ganz anders aufgefasst werden als von ihm selbst. Milliarden von Inputs aus der Umwelt muss ein kleines Hirn verarbeiten – und was es daraus macht, ist von so vielen Faktoren abhängig, dass wir uns nur annäherungsweise bemühen können, ein Kind vor es überflutenden Eindrücken zu schützen oder seine merkwürdigen Schlussfolgerungen zu korrigieren.

Dazu gehört selbstverständlich auch jene traumatisierende Wirkung, wie sie Kriege, Gewalttaten, Misshandlungen, sexuelle Übergriffe darstellen. Dazu gehört aber auch das tägliche Fernsehen: Wie Studien gezeigt haben, ist gerade die Nachrichtensendung mit der Darstellung von »alltäglicher« Gewalt und dem Elend der Welt für Kinder unbekömmlich – denn diese haben keineswegs den Realitätssinn Erwachsener, der unterscheiden kann zwischen »Da« und »Dort«, zwischen Hier und Jetzt und zwischen »bei uns« und woanders. Auch wenn diese Unterscheidung für den Erwachsenen kein Trost ist über den Zustand der Erde, so überfluten ihn diese Informationen doch nicht, weil genügend Theorien zur Verfügung stehen, die Dinge einzuordnen, sich eventuell zu überlegen, wo Hilfe notwendig ist und wo eigene Initiative sinnvoll wäre. (Beispiele sind der 11. September 2001 in New York, das Erdbeben in der Türkei kurz danach, das Erdbeben Ende des Jahres 2003 im Iran, in welchem mehr als 30 000 Menschen starben, die Flutkatastrophen in den verschiedensten Gebieten der Welt, insbesondere der Tsunami 2004 mit mehr als 200 000 Toten, das Erdbeben in Pakistan im Oktober 2005, bei dem über 83.000 Menschen starben, die fast schon zum Alltag gewordenen Terroranschläge im Irak.)

Trotz dieser Katastrophen ist aufgrund der weltweiten Hilfeleistung und der Kunst der Verdrängung, die ein gesunder Erwachsener beherrscht, dieses Unglück für diejenigen, die nicht Zeuge sind, nicht traumatisierend. Aber wissen wir auch, welche Theorien sich Kinder bilden, die die in Tücher eingewickelten Leichen im Fernsehen sehen und sich nicht recht vorstellen können, wie und was die Zusammenhänge sind? Besonders dann nicht, wenn kein Erwachsener da ist, der »die Welt erklärt«, sie »ein bisschen ordnet«, wie es so wichtig für Kinder ist!

So erzählte eine andere Patientin, ihr Religionslehrer habe, als sie sechs Jahre alt war, in der ersten Klasse der Grundschule von den Engeln gesprochen. Er habe ausführlich darüber geredet, wie die Engel überall seien, dass sie ein Schutz seien, ja, dass sie sogar auf der Schulbank neben jedem Kind Platz nehmen würden. Das Kind, phantasiebegabt, stellte sich also vor, dass sie ihrem Schutzengel, der ja neben ihr in der Schulbank Platz nehmen wollte, nun auch Platz machen müsse und rückte so weit an die äußerste Stelle ihrer Schulbank, dass sie nur noch ein Eckchen für sich selbst hatte. Dies sah ihre Nachbarin, eine wohl etwas gröbere Natur, und trat das Mädchen mit voller Wucht aus der Bank, was nicht schwer fiel, weil sie sowieso nur ein Eckchen für sich hatte. Sie flog also mit ziemlichem Getöse auf den Boden. Dennoch war sie überzeugt davon, dass ihr Religionslehrer ihr nicht böse wäre, denn er wusste doch, dass da der Engel gesessen und sie ihm Platz gemacht hatte. Aber nein! Der Religionslehrer schien alle seine Reden vergessen zu haben. Er rief sie nach vorne und gab ihr eine kräftige Ohrfeige! Das Kind war sehr enttäuscht und »verstand die Welt nicht mehr«, d. h. sie war sich nicht so sicher, ob sie überhaupt Lehrern noch etwas glauben sollte. Dies allerdings blieb eine bewusste Erinnerung des Kindes.

Die Vorstellungen, Phantasien und »Theorien« frühkindlicher Art können oft später korrigiert werden. Wenn Eltern liebevolle Eltern sind, denen ihre Kinder das meiste von ihrem Kummer und ihrer Freude anvertrauen können und die genügend Einfühlungsvermögen besitzen, auch das zu ahnen, was ein Kind noch nicht erzählen kann, sind sie immer wieder in der Lage, die falschen »Welttheorien« ihrer Kinder zu korrigieren, Schuldgefühle aufzulösen und Enttäuschungen zu mildern. Aber wenn Eltern oder andere Bezugspersonen nicht zur Verfügung stehen, wenn sie gar keine Ahnung haben, was ein Kind gerade erlebt hat (beispielsweise schlimmstenfalls: nicht erzählen kann, wenn es missbraucht wurde, weil der Täter ihm etwa den Tod der ganzen Familie angedroht hat), dann können Erlebnisse und ihre mangelhafte kognitive Verarbeitung krank machen.

Ein anderes Kind verlor im Alter von neun Jahren seinen Vater. Nach einem Jahr starb seine Mutter ebenfalls. Das Kind hatte noch weitere sechs Geschwister. Mit der gnadenlosen Logik eines Kindes in diesem Alter rechnete es sich aus, wann seine älteste Schwester sterben würde (nach einem Jahr, nach der zuvor erlebten Regelmäßigkeit). Sein eigenes Todesdatum sah es nach sechs Jahren – jedes Jahr ein Familienmitglied. Das Kind teilte niemandem seine Theorie mit, auch nicht, dass es der Meinung war, dass Frauen, die ihre Männer liebten (wie ihre Mutter ihren Vater), diesen einfach hinterhersterben würden.

Das Kind wurde größer, war sehr verschlossen. Die Theorien verblassten, weil sie nicht eintrafen, der erwachsener werdende Verstand sah ein, dass das meiste von dem unter dem Eindruck des Traumas entstandene Wissen kindlich-unreif war. Teile des Gemeinten versanken in »einem Meer unbewusster«, weil verdrängter Gedanken und Gefühle, standen dem Bewussten nicht mehr zur Verfügung. Aber später, bei der Partnerwahl, traten alle diese Befürchtungen »anscheinend ganz frisch« (Breuer und Freud 1895) wieder auf, einschließlich der Befürchtung, das Kind sei auch für den Tod der Mutter verantwortlich gewesen – eine rückwirkend befürchtete Tat ödipalen Ursprungs. Als sie eine Analyse begann, weil sie (vordergründig) jedem Mann davonlief, hatte sie keine Ahnung davon, dass sie sich im Unbewussten für eine »Mörderin« hielt, schädlich für andere, wahrscheinlich todbringend. Und auch, dass ihre Befürchtung, selbst zu sterben, mit Bestimmtheit einträfe, wenn ihre Liebe ähnlich der ihrer Mutter wäre.

Diese Beispiele zeigen, wie das Denken eines Kindes eng mit seinen Gefühlen und Affekten verknüpft ist, kaum getrennt erfasst werden kann. Das Denken ist noch rudimentär, verknüpft mit Triebimpulsen und dynamisch wirkenden Kräften, die verdrängen und verschieben, entstellen und spalten, ungeschehen machen und isolieren. Es zeigt auch, dass kindliche Theorien, Gedanken und Phantasien keineswegs harmlos sind.

Die wenigen Beispiele zeigen, dass ein Leben mit diesen unbewussten Gefühlen und Überzeugungen, die von einem vernünftigen Erwachsenenstandpunkt aus betrachtet ganz unsinnig sind, ein Leben so negativ beeinflussen können, dass es ohne eine geglückte Psychoanalyse nicht gelingen wird. Hier kann wirklich nur die Analyse helfen. Jede Verhaltenstherapie oder sonst eine nur das Bewusstsein berührende Therapie greift deshalb zu kurz, weil sie mit der Umgehung unbewusster Konflikte und Überzeugungen zur Anpassung führt unter weiter zunehmender Verleugnung der eigentlichen Entstehungsursachen des individuellen Unglücks.

Menschliche Individuen sind aber nur in der Lage, etwas in ihrem Leben zu ändern, wenn sie zutiefst emotional, nicht nur kognitiv, verstanden haben, unter welchen Überschriften sie ihr Leben führen, und wenn sie sich mit ihren bewussten und unbewussten Befürchtungen auseinandersetzen.

Wahrscheinlich ist schon verständlich geworden, warum frühkindliche Gefühle, Theorien und Phantasien, die mit den realen Verhältnissen der Umwelt eines Menschen in Konflikt geraten, krank machen *müssen*. Besonders ist dies der Fall, wenn Konflikte sehr früh entstanden sind, noch gar nicht in Sprache übersetzt werden können, generell nicht symbolisierungsfähig sind. Einer der häufigsten Ursachen für gegen das Selbst und das Selbstbewusstsein eines Kindes gerichtete unbewusste Theorie ist die Abwertung der eigenen kleinen Person, wenn ein Geschwister geboren wird.

Wie wir gehört haben, führte Sigmund Freud seine Neigung zu Schuldgefühlen und Selbstvorwürfen auf den frühen, vermeintlich von ihm selbst verursachten Tod des kleinen Julius zurück. Seine ewige Jammerei, dass »nichts von ihm und seiner Theorie bleiben werde«, also der in den Augen der Nachwelt völlig unverständlichen Sorge um die Zukunft und den Bestand seines Werkes gehören vermutlich ebenfalls in diesen Zusammenhang. Von einem seiner Biographen, Clark, gar als »unaufrichtig« charakterisiert (1981), bleiben die Selbstzweifel Freuds vielen Beobachtern unverständlich. Wenn man aber berücksichtigt, dass er die Geburt von sechs kleineren Geschwistern aushalten musste, also in seinen Kinderaugen sechsmal von seiner Mutter »betrogen« wurde, ist es etwas leichter, sich vorzustellen, dass er in anhaltendem Selbstzweifel und Misstrauen verharrte.

In der ganzen Welt ist es heute üblich, Kinder in rascher Aufeinanderfolge zu bekommen, weil sie dann »etwas voneinander haben«, wie eine beliebte Begründung in vielen Familien lautet. Ein Kind im Alter von einem Jahr, zwei Jahren, bis zum Alter von drei Jahren reagiert hierauf mit der Vorstellung, es genüge seiner Mutter nicht, sie habe es nicht lieb, sie bevorzuge dieses kleine scheußliche Kind in der Wiege, das es selbst als Konkurrenz in seinem eigenen Nest empfindet. Zahlreiche Patienten leiden unbewusst unter ihrer Geschwisterrivalität, die ebenso häufig, wie sie vorkommt, auch verleugnet wird, und ebenso viele individuelle Ausgestaltungen erlebt, wie es Kinder auf dieser Welt gibt. Auch Sigmund Freud thematisierte seine Geschwisterrivalität sehr widersprüchlich. Einerseits war er davon überzeugt (er hat das viele Male zum Ausdruck gebracht, sich diesbezüglich auch mit Goethe verglichen), dass er der Lieblingssohn seiner Mutter war, andererseits hatte er aber viele Selbstzweifel, war in seiner Jugend wenig um die »Eroberung« von Mädchen bemüht und hatte Zweifel über seinen diesbezüglichen Erfolg. Der frühe Tod seines Bruders Julius löste lebenslang in bestimmten Situationen Schuldgefühle in ihm aus. Seine aggressive Geschwisterrivalität und die ihm zunächst unbewussten, weil verdrängten Todeswünsche in seinem kindlichen Erleben legten die Schlussfolgerungen nahe, seine Wünsche seien auf magische Weise in Erfüllung gegangen, seien Realität geworden.

Diese und ähnliche Denkweisen, einem Erwachsenen mitgeteilt, erscheinen diesem oft bizarr und unglaubwürdig. *Nach wie vor wird von den meisten Erwachsenen kindliches Denken, Fühlen und Erleben und dessen Bedeutung für die gesamte Lebensführung völlig unterschätzt.*

Von Goethe wissen wir, dass er seinen kleinen Bruder aus dem Fenster warf; auch dieser Bruder starb früh. Welche Auswirkungen dies auf Goethes psychische Entwicklung hatte, können wir nur ahnen.

Wirklich schlimm werden sich unbewusste Konflikte aber auswirken, das heißt, sie werden Krankheitswert bekommen, wenn sie, eventuell quälend, im Bereich der frühen Umwelt unkorrigierbar gegen die eigene Person gerichtet werden, eine tiefe, wie die Psychoanalytiker sagen, narzisstische Wunde reißen, die das ganze Leben nicht heilen wird, jedenfalls nicht ohne Therapie. Diese können natürlich auch durch ganz andere Konflikte als durch Geschwisterrivalität ausgelöst worden sein.

Sehr viele Menschen leiden an solchen Konflikten, ohne den Konflikt als solchen zu kennen oder zu spüren. Sie fühlen sich nicht wohl, haben eventuell häufiger depressive Einbrüche, scheitern in ihren Partnerbeziehungen und wissen nicht warum, erreichen in ihrem Berufsleben nicht das, was sie gerne möchten, obgleich sie begabt sind und die äußeren Umstände nicht ungünstig sind.

Eine Geschichte handelt von einem Mann, der in seinem Arbeitsleben unter ihm unerträglich scheinenden Stress gerät. Er weiß nicht, warum er sich plötzlich unwohl fühlt; er hat einen akademischen Abschluss und hatte immer Erfolg. Aber plötzlich weiß er nicht mehr, wie er dem zunehmendem Stress ausweichen soll. Weil er sich krank fühlt, geht er zum Internisten. Der macht eine kardiologische Routineuntersuchung, dazu gehört auch ein Belastungstest auf dem Fahrrad. Der Mann tritt in die Pedale – plötzlich bricht ihm der Schweiß aus. Das findet er ungewöhnlich, weil er nicht unsportlich ist. Dann bricht er plötzlich auf dem Fahrrad des Internisten zusammen mit den Worten, die, er weiß nicht woher, aus ihm herausbrechen: »Papa, ich kann nicht mehr!«

Der Internist empfiehlt seinem körperlich gesunden Patienten, einen Psychotherapeuten aufzusuchen und die Szene zu klären. Der Patient ist selbst – im Erstgespräch – davon überzeugt, körperlich krank zu sein, nicht mehr recht die Kraft zu haben, so weiter machen zu können wie bisher. Er ist Mitte vierzig und meint, er werde vielleicht langsam alt und die Karriere sei vorbei. Aber er ist bereit, sich auf die psychoanalytische Situation einzulassen, und erzählt aus seinem Leben, was er weiß.

Es stellt sich heraus, dass er seinen Vater sehr liebte und auch idealisierte. Der Vater war sein Vorbild, ihm zuliebe hat er alles getan, wovon er glaubte, dass sein Vater es sich von ihm wünschte. Wir können vermuten, dass seine Gefühle dem Vater gegenüber sehr heftig und seine Theorien über den Vater sehr ausgearbeitet waren, und auch, dass er vielleicht recht hatte, wenn er meinte, dass sein Vater, der selbst sehr erfolgreich war, große Leistungen von seinem kleinen Sohn verlangte. Aber er irrte, als er meinte, sich »zu Tode« anstrengen zu müssen, sich buchstäblich dem Vater opfern zu müssen, so dass er an die Grenze seiner Möglichkeiten kam und auf einem Fahrrad zusammen zu brechen drohte.

Seine Mutter schilderte er als eine in seinen Augen kalte Frau, die nichts zu Hause zu sagen hatte. Sein Vater habe alles bestimmt. Seine Mutter sei seine Untergebene gewesen. Ihre beiden Söhne habe sie fast nie angerührt, sie seien irgendwie ohne Liebe aufgewachsen.

Der Vater sei zwar überaus streng gewesen, habe auch mit körperlichen Strafen, mit Prügel, nicht gegeizt, aber ihn, den jüngeren von beiden Kindern, habe er verschont. So war er in den Augen des kleinen Buben nicht nur sein Vater, sondern vertrat wohl auch Mutters Stelle. Er sei in der Schule immer sehr gut gewesen, im Studium ebenfalls und beim Aufbau seiner Karriere auch. Eben bis zu diesem Ereignis, das er nicht verstehe...

Was macht ein Psychotherapeut mit dieser Geschichte? Es ist deutlich, dass der Patient nur einen geringen Teil dessen, was seine plötzliche Erkrankung auslöste, sehen kann. Er erzählt seine Geschichte so gut wie möglich, so viel wie er weiß. Aber kann das alles sein? Ist es nicht so, dass sein Vater ihn vielleicht sehr unter Druck gesetzt hat, so dass er auf dem Fahrrad, das vielleicht einst zu seinen Kinderlieblingsspielzeugen gehörte, zusammengebrochen ist mit dem ihm selbst unverständlichen Ausruf: »Papa, ich kann nicht mehr?« Und dies in einer Situation und Umgebung, die ganz und gar nicht zu diesem kindlichen Ausruf passt, nämlich in der Praxis des Internisten? Und wie verhält es sich mit seiner Mutter? Über sie weiß er fast nichts, und seine Beziehung zu ihr hat er, so eine nahe liegende Vermutung, wohl auf seine Frau »übertragen«. Die Art und Weise, wie er sie behandelt, hat er – unbewusst – von seinem Vater übernommen, ein anderes Modell stand ihm nicht zur Verfügung. Dafür kann er nichts, aber es stellt sich viel später heraus, dass auch sie im Laufe der Ehe depressiv wurde. Und welchen Anteil an seiner depressiven Erkrankung haben hier kindliche *Affekte in Verbindung mit kindlichen Theorien*, die nicht unmittelbar in Zusammenhang stehen mit der realen Leistungsanforderung durch den Vater, sondern mit der phantasierten, geglaubten, vermeintlichen?

Seine Vorstellungen über Leistung können zwar durch diese ausgelöst worden sein, aber sie sind durch sie nicht ursächlich bestimmt: dafür ist das Kind, so klein es ist, mit seiner Denkweise, wenn nicht verantwortlich, so doch selbst zuständig. Kinder haben von den frühesten Jahren an ein eigenes Leben, eine eigene, nicht in den Zuschreibungen der Eltern aufgehende Auffassung von der Welt. Sie sind ein »Selbst«, das eine individuelle Entwicklung durchlebt und zu einer eigenen, unverwechselbaren Ausgestaltung seines Charakters führt, einer Identität, die unverwechselbar ist in Raum und Zeit – für das Kind und den späteren Erwachsenen selbst wie für alle anderen, denen das Kind und der spätere Erwachsene im Leben begegnet.

Zurück zu dem Kind auf dem Fahrrad: Der Patient entschloss sich zu einer Analyse. Viele Dinge, die er am Anfang nicht hatte sehen können, wurden ihm mit der Zeit klar. Es war die Geschichte einer tiefen narzisstischen Wunde, die ihm zuerst seine Mutter, dann sein Vater zugefügt hatte und die der bis zu seinem Zusammenbruch erfolgreiche Mann an seine Frau und seine Kinder weitergegeben hatte, weil er der »Herr im Hause« war. Das Machtgefälle in allen seinen Beziehungen, hier auch als Identifikationsergebnis mit dem mächtigen Vater zu deuten, hatte ihn lange geschützt vor frühzeitigerer Erkenntnis. Häufig ist es deshalb so, dass Männer (in unserer Gesellschaft) länger brauchen, bis sie ihre frühen, unbewussten Verletzungen sehen, spüren und erleben können. Zu lange erlaubt ihnen irgendeine Frau, Freundin oder Mutter, die Brüche in ihrem Charakter an sie weiterzugeben, sie nicht selbst erleben zu müssen. Die Psychoanalytiker nennen das »Abwehrmechanismen«, die einem Menschen individuell, aber auch gruppenspezifisch und gesellschaftlich zur Verfügung stehen, um eine drohende Verletzung bewältigen zu können.

Glücklicherweise hat der geschilderte Patient sich mit Hilfe eines Therapeuten aus seiner misslichen Lage befreien und sein Leben und das seiner Familie ändern können.

Wie können unbewusste Konflikte aufgespürt werden?

Wie können im Rahmen einer analytischen Therapie die unbewussten Konflikte hinter der erzählten Geschichte gefunden werden? Wie ist es möglich, die in der Kindheit und damit häufig auch in der »Vorzeit« bewussten Handelns stattgefundenen Erlebnisse dem beobachtenden Verstand zuzuführen, neu zu bewerten und mit Hilfe eines Therapeuten ihre Konflikte auslösende Wirkung zu überwinden?

Zu der Vorstellung, dass störendes Unbewusstes möglichst genau in Bewusstes übersetzt werden müsse und dann seine zum Teil schwer wiegenden Auswirkungen auf das Leben eines individuellen Menschen verlieren würde, gibt es *keine andere therapeutische Praxis als die Psychoanalyse.* Sie ist seit mehr als hundert Jahren von Generationen von Psychoanalytikern entwickelt und ausgearbeitet worden und steht den Patienten in Form einer psychoanalytischen Einzel- oder Gruppentherapie zur Verfügung. So haben wir eine Praxis der Aufdeckung des Unbewussten, *die zum Teil neuen Entdeckungen angepasst wird, aber im großen und ganzen ein Schatz an empirischer Erfahrung darstellt, dessen Bedeutung für die Heilung psychischer Fehlentwicklungen nicht hoch genug eingeschätzt werden kann.*

Das Unbewusste enthält nicht nur Konflikte, sondern auch die eigentlichen Antriebskräfte unseres Lebens. Wir alle besitzen ein unbewusstes vitales Reservoir an Gedanken, Gefühlen, Phantasien, Theorien und verarbeiteten und gespeicherten Eindrücken, das niemals ganz ausgeschöpft werden kann.

Möchte man nun unbewusste Konflikte finden, die Symptome auslösen, so gibt es in der Psychoanalyse seit langem bewährte Methoden. Sie bieten die Chance, bislang unbewusste Gedanken und Gefühle zumindest teilweise der bewussten Wahrnehmung und damit auch ihrer Korrektur zugänglich zu machen.

Zunächst ist da die *Methode der freien Assoziation*, die im Rahmen einer psychoanalytischen Behandlung hilft, zuvor Unbewusstes bewusst zu machen. Eigentlich hat Anna O. diese Methode »erfunden« – und Breuer und Freud haben sie von ihr »übernommen«. Die Methode der »talking-cure« oder des »chimney-sweeping« hatte Anna O. zur Genesung verholfen, weil sie mit der Zeit ohne Rücksicht auf eigene Hemmungen oder Bedenken ihrem treuen Arzt Josef Breuer alles sagen konnte, was ihr einfiel – und damit auch vieles sagte, was ihr »normalerweise« als einem gut erzogenen anständigen Mädchen durchaus nicht eingefallen wäre oder was sie jedenfalls schamhaft vor ihrer Umwelt oder anderen Personen verschwieg. Die Methode der freien Assoziation des Patienten, der die »gleichschwebende Aufmerksamkeit« auf Seiten des Analytikers entspricht, hat nach der ersten Formulierung Differenzierungen und Verfeinerungen erfahren, die aber hier nicht näher besprochen werden müssen.

Im Licht moderner Forschung kann die »freie Assoziation« (also die Anweisung an den Patienten, alles zu sagen, was ihm durch Kopf, Körper und Gemüt geht, nichts auszulassen, was sich dem Bewusstsein aufdrängt, auch nicht das üblicherweise als peinlich, unwichtig, ungehörig oder sonst wie unzulässig Empfundene) als eine nicht unraffinierte Methode der Überlistung des bewussten Zensors, des »Beobachters im Gehirn«, aufgefasst werden (Singer 2002).

Normalerweise bündelt der »Zensor« die Gedanken im Kopf und trennt sie in das Sagbare und in das Nicht-Sagbare (das »Unsägliche«). Mit Hilfe der freien Assoziation, die die Hypnose ablöste, gelingt es, die dezentral organisierten, sowohl emotional als auch kognitiv eng vernetzten Strukturen im Gehirn einem gewollt unorganisierten Strom der Rede zu öffnen, der dem zuhörenden Analytiker zeigt, welche Teile des Gesagten zu welchen anderen Teilen des bereits vielleicht früher Gesagten gehören.

Seine Vermutungen über den Zusammenhang des Gesagten äußert der Analytiker in Form einer Deutung. Diese erlaubt dem Patienten eine Rekonstruktion von Zusammenhängen des zuvor nicht Bewussten. Das können infantile Wünsche, Triebbestrebungen, Bedürfnisse, frühere kindliche Theorien und Phantasien sein. Der Patient wird nun auf die Vorschläge des Analytikers vielleicht mit »Ja« (das ist möglich/wahrscheinlich, so könnte es gewesen sein) oder mit »Nein« (so war es ganz bestimmt nicht) reagieren. Auf diese (sehr verkürzt dargestellte) Weise entwickelt sich ein Austauschprozess zwischen dem Therapeuten und dem Patienten, innerhalb dessen es beiden immer besser gelingt, die Geschichte des Patienten rekonstruierend zu verstehen und schließlich eingeschliffene Empfindungsmuster zu verändern.

Zum zweiten ist da die Methode der *Traumdeutung*. Träume sind bis heute »der Königsweg ins Unbewusste«, daran hat sich seit Freuds Zeiten nichts geändert. Auch Träume werden mit der Methode der freien Assoziation gedeutet, so dass ihr latenter, der eigentlich bedeutungsvolle Inhalt hinter dem manifesten, vordergründigen offenbar wird.

Im Rahmen einer Therapie sind Träume bzw. die Erinnerung an diese häufiger als außerhalb einer solchen. Die Aufmerksamkeit des Therapeuten führt dazu, dass der Patient mehr träumt als vor seiner Therapie, dass er seine Träume besser behält und dass er sie folglich besser für seine Selbsterkenntnis und Genesung nutzen kann. Beziehungsabläufe wie gegenseitige Anerkennung, Zuneigung, Aufmerksamkeit, Spiegelung, Nähe zum träumenden Patienten sind es, die diesen dazu motivieren, weiter zu träumen und die eigenen Träume wichtig zu finden. Viele Patienten bringen ihre Träume mit wie ein Geschenk an den Analytiker: »Ich habe heute Nacht etwas geträumt, zur Stunde.« Manche Patienten meinen, wenn sie nichts geträumt haben, dass sie ihre »Schulaufgaben« nicht gemacht hätten; wieder andere gewöhnen sich an, Block und Bleistift auf den Nachttisch zu legen und, noch im Halbschlaf, ihre Träume zu notieren. All dies sind Hinweise darauf, dass die Aufmerksamkeit und Anerkennung des Therapeuten auch die Anerkennung des Patienten für sich selbst fördert und damit eine erhöhte Aufmerksamkeit für die geringsten Äußerungen des eigenen Unbewussten zur Folge hat.

Träume sind, weil »nachts der Zensor schläft«, besonders geeignet, die jeweils vorherrschende Stimmungslage, die Gefühle, Gedanken und Phantasien des Patienten aufzuzeigen, häufig wie auf einer inneren Bühne des Träumenden, der sowohl der Dramaturg als auch der Regisseur seines eigenen Theaterstückes ist.

Zum dritten gibt es im Rahmen einer psychoanalytischen Therapie die längere Zeit nach Freud neu entwickelte Methode des tieferen Verständnisses derjenigen Konflikte und Leiden, die nicht sprachlich mitgeteilt werden können, sondern entweder so früh entstanden sind, dass sie sprachlicher Übersetzung nicht zugänglich sein können oder so unbewusst sind, dass sie aus diesem Grund den Weg nicht in die Sprache finden können. Diese neue Methode ist das Verständnis *der Szene*, die ein Patient im Therapiezimmer entfaltet und die in gemeinsamer Arbeit von Therapeut und Patient verstanden werden kann.

Das folgende Beispiel ist eine solche »Szene«, die eine Patientin entfaltet hat:

Eine Patientin beginnt regelmäßig vor oder zu Beginn der analytischen Stunde zu streiten: Die Therapeutin komme zu spät, habe sonst ein Versäumnis begangen, stehe nicht an der Türe wie andere Therapeuten, habe die Türen aufgelassen, so dass jeder Dieb hereinkommen könne, fahre schon wieder in Urlaub, habe die falschen Kleider an, mache ein unfreundliches/zu freundliches (falsches) Gesicht, sei überhaupt unfähig.

Mit der Zeit zeigt die Analyse, dass frühe und früheste Machtkämpfe mit der Mutter, die die Patientin selbst als vernichtend erlebte, stattgefunden haben und dass sie sich deshalb mit ihrer massiven Kritik bereits im Vorfeld gegen jede sich entwickelnde Beziehung wehren muss. Aus Angst, es werde zwischen ihr und der Analytikerin vielleicht eine Beziehung entstehen, innerhalb derer sie ähnlich traumatische Erfahrungen machen werde wie mit ihrer Mutter, z. B. abgelehnt oder nicht geliebt zu werden, versucht die Patientin, so zu streiten, dass sich gar keine Beziehung entwickeln kann. Auch das ist ein Leben »jenseits des Lustprinzips« oder – besser noch – diesseits der Lust. Aber wenigstens ist damit für die Patientin unbewusst das Ziel eines vorläufigen Schutzes vor bitterer Enttäuschung und Schmerz erreicht.

Exkurs über Lichtenbergs »Modellszene«

Eine besondere Szene ist die von Joseph M. Lichtenberg so bezeichnete »Modellszene«, der dieser viel Aufmerksamkeit für eine verbesserte Behandlung von Patienten geschenkt hat. Eine Modellszene stellt ein typisches Muster im Leben eines Patienten dar, das in einer Verdichtung von Bildern und erinnerten Zuständen zeigt, was für einen Patienten innerhalb von Familienbeziehungen, im Rahmen von kindlichen Konfliktlösungsstrategien oder in Entscheidungssituationen vermutlich für seine Handlungen leitend war. Sie werden sich in der Übertragung auf den Analytiker wiederholen. Die Entdeckung ihrer Bedeutung, ihre gemeinsame Verbalisierung und anschließende Anwendung im psychoanalytischen Prozess vertiefen das gemeinsame Verstehen und leisten damit einen entscheidenden Beitrag zur Heilung eines Patienten.

Joseph Lichtenberg geht in seinen Überlegungen im Gegensatz zu Freud, auch wenn er »die Seele des Poeten mit Füßen treten« muss (2000, S. 15), wie er humorvoll anmerkt, statt von zwei zentralen Trieben, die Freud Eros und Thanatos, Libido und Aggression genannt hat, von fünf Motivationssystemen aus, die von Beginn des Lebens an in der Säuglingsentwicklung zu beobachten sind, sich durch das ganze Leben hindurch zeigen und jederzeit auch beim Erwachsenen in ihren verschiedenen Auswirkungen und sich abwechselnden Stärken zu sehen sind. Es sind dies:

1. Das Bedürfnis nach psychischer Regulierung physiologischer Bedürfnisse (also Stillung von Hunger, Durst, Kälte, Wärme etc.)

2. Das Bedürfnis nach Bindung und Zugehörigkeit
3. Das Bedürfnis nach Exploration und Selbstbehauptung
4. Das Bedürfnis, aversiv zu reagieren, mit Antagonismus oder Rückzug
5. Das Bedürfnis nach sinnlichem Genuss und sexueller Erregung (Lichtenberg et al. 2000, S. 13)

> Alle fünf Systeme sind spätestens von Geburt an wirksam, sie beeinflussen sich gegenseitig, sie wirken bei der Ausformung von Erfahrung mit und daher letztlich auch bei der Ausformung des Selbstgefühls. (ebd., S. 17)

Im Laufe eines Lebens, in welchem die genannten fünf Motivationssysteme stets eine Rolle spielen, entwickeln sich bei jedem Menschen im Austausch mit seinen Mitmenschen sogenannte Modellszenen, die diesen charakterisieren. Lichtenberg möchte diese verstanden wissen als »Hilfsmittel zur Konzeptualisierung von Erfahrung in jeder Altersstufe«, als ein wertvolles klinisches Instrument, um zur spezifischen Erfahrung des Patienten zu gelangen, als ein Modell, das die Beiträge moderner Entwicklungspsychologie umfasst, und schließlich als eine analytische Illustration, in welcher Vordergrund und Hintergrund, Übertragung und analytische Responsivität integriert werden können.

Das klingt komplizierter als es ist. Als klassisches Beispiel einer Modellszene nennt Lichtenberg Sigmund Freuds Konstruktion des Ödipuskomplexes:

> Es war ein entscheidender Augenblick in der Geschichte der Psychoanalyse, als Freud den Ödipuskomplex als eine Modellszene erkannte, in welcher der kleine Junge mit besitzergreifenden erotischen Ansprüchen seine Mutter begehrt und in bezug auf seinen Vater eine starke Rivalität erlebt. Wir tendieren dazu, die theoretische Bedeutung der ödipalen Szene als ein ubiquitäres Entwicklungsschicksal anzusehen, womit Freud (1900) die Existenz kindlicher Sexualität festschrieb. Wir müssen uns Freuds Erregung über seine Entdekkung in Erinnerung rufen, als er durch seine klinische Arbeit erkannte, dass seine eigenen Assoziationen und Träume und die seiner Patienten mit Hilfe der Beziehungsmuster und Begierden verstanden werden konnten, wie sie im Mythos des König Ödipus von griechischen Dramatikern dargestellt worden sind. Fragmente von verbalen Assoziationen, Traumbildern und Übertragungskonfigurationen, die zuvor unverständlich gewesen waren, fügten sich zu einem erklärbaren Ganzen. (ebd., S. 22)

Es gibt viele Modellszenen, die verallgemeinerbar sind, sich allerdings in jedem Menschenleben ein wenig anders zeigen, wie der Ödipuskomplex, aber auch solche, die einzigartig sind und deshalb das Verständnis eines gegebenen Lebenslaufes besonders vertiefen. Modellszenen erfassen generell Entwicklungserfahrungen, die als Säugling, Kleinkind, Jugendlicher und Erwachsener gemacht werden und ihnen eine begriffliche Repräsentation geben.

So schilderte ein junger Patient, der in die Therapie kam, weil er unter Ängsten, Panikattacken, Depressionen und unter der Trennung seiner langjährigen Freundin litt, bereits im Vorgespräch eine »Szene«, an die er sich gut zu erinnern meinte:

> Ich war so ungefähr vier Jahre, als ich in der Küche mit meiner Mutter stand, sie von hinten um die Taille fasste und mir überlegte: Liebe ich sie oder liebe ich sie nicht? Und damit verbunden: Möchte ich gut oder böse sein?

Kein Philosoph könnte besser als dieser junge Mann den Beginn der moralischen Entwicklung eines Kindes aus der Erfahrung mit seinen menschlichen Beziehungen darstellen. Psychoanalytisch gesehen stellt das geschilderte Ereignis sowohl eine allgemeine ödipale Szene dar wie auch eine für diesen einen Menschen ganz spezifische Ausformung des ödipalen Konfliktes, in welchem die Ambivalenz die größte Rolle spielte. Diese war deshalb zentral, weil seine Mutter ihn tatsächlich liebte und ihn in seinen Augen aber auch nicht liebte, denn sie war unfähig, ihn vor den gewalttätigen Angriffen des Vaters zu schützen. Der Sohn war aus hier nicht im einzelnen darzulegenden Gründen für den Vater der beneidete Götterliebling, der deshalb erschlagen werden musste.

Die Szene ist insofern eine »Modellszene«, als sie sich sowohl in den gesunden wie auch in den kranken Bereichen des gesamten jugendlichen wie erwachsenen Lebens des Patienten stets reproduzierte, in der Übertragung deutlich wurde, die Art seines Liebeslebens beschreibt und seine äußerst ambivalenten Beziehungen zu allen anderen Menschen sowie des Verhältnisses zu sich selbst in einer Art Scheinwerferlicht erhellt. Eine solche Modellszene, einmal gefunden und erklärt, ist für den therapeutischen Prozess sehr fruchtbar, weil sie wie ein Motiv in Musik und Dichtkunst präzise den zentralen Gehalt einer bestimmten Lebensgestaltung beschreiben kann.

Eine andere Patientin schildert mit Vorliebe ihr Verhältnis zu ihrem über alles geliebten Vater, der sie als Kind »stets, wenn sie verschwunden war, mit der Leiter unter dem Arm gesucht habe und sie von jedem Baum, der zu hoch war, um selbst ohne Verletzung wieder herunter zu steigen, gerettet« habe.

Die geschilderte Szene hat im Leben der Patientin vielleicht nur einmal stattgefunden. Sie hatte aber eine große Bedeutung hinsichtlich der Organisation ihrer nahen Beziehungen zu Männern und hinsichtlich der besonderen Erwartungen an spätere Partner. Denn die Modellszene ...

> ... kann eine wirkliche, gelebte Erfahrung sein oder auch nicht, da unter dem Einfluss späterer Ereignisse und durch deren weitere Ausarbeitung frühe und spätere Ereignisse in der Erinnerung verschmelzen. Modellszenen unterliegen den gleichen kunstvollen Bearbeitungen und Umwandlungen durch die Phantasie wie alle Erfahrungen. (Lichtenberg 2000, S. 23)

Mit Hilfe dieser Modellszenen sind ganze Bündel unbewusster Gedanken, Gefühle, »Theorien« und deren Verknüpfungen so wie vor allem auch Übertragungen zu verstehen und aufzulösen.

Zurück zu weiteren psychoanalytischen Methoden, mit deren Hilfe das Unbewusste bewusst werden kann:

So gibt es – viertens – die schon häufiger erwähnte und ins Alltagsbewusstsein vieler Menschen eingegangene *Übertragung* des Patienten auf den Therapeuten und die *Gegenübertragung* des Therapeuten auf den Patienten. Beide, Patient und Therapeut, können hieraus die unbewussten Formen und Inhalte der Beziehungen, auch die der frühesten Interaktionen, empfinden, spüren und schließlich deuten und aufklären. Eine Übertragung meint das allgemein verbreitete Phänomen, dass – anscheinend ganz selbstverständlich – alle Personen im Licht früherer Beziehungserfahrungen eines Menschen gesehen werden. Vertrauen und Urvertrauen, Misstrauen und Angst, Kontrollbedürfnis und Scham, Schuldgefühle und Anpassung – alle Gefühle und Erwartungen, die in den menschlichen Beziehungen eines Patienten eine Rolle spielten, werden im Rahmen der Übertragungsbeziehungen auch in den therapeutischen Sitzungen wiederbelebt, damit deutlich, und können schließlich ins Bewusstsein »übersetzt« werden. Ob eine Mutter ihr Kind liebevoll gewährend oder kontrollierend-überbesorgt, ob ein Vater sein Kind bestätigend-fördernd oder abwertend-narzisstisch erlebt, behandelt und erzogen hat: Es wird in der Übertragung deutlich. Auf der Seite des Therapeuten entspricht deshalb der Anweisung der »freien Assoziation« die der »frei schwebenden Aufmerksamkeit«, d. h. ein Therapeut soll ohne jedes Eigeninteresse, nur am Wohl des Patienten orientiert, so »interesselos« und so vorurteilsfrei, wie es ihm eben möglich ist, zuhören oder zusehen und die auftauchenden Gefühle, Phantasien und Gedanken des Patienten auf sich wirken lassen. Aus seinem Eindruck wird der Therapeut dann eine Frage an den Patienten formulieren oder eine Deutung versuchen, die immer nur hypothetischen Charakter haben kann und ohne die Zustimmung des Patienten nicht gültig ist (vgl. z. B. Tömmel 1993).

Im Falle des zuvor erwähnten jungen Mannes war die Übertragung von starker Ambivalenz charakterisiert, die sich in verschiedenen Feldern der Zusammenarbeit zeigte. So war der Patient vor allem zu Beginn der Analyse häufig äußerst wütend, drohte mit Zerstörung: »Was machen Sie denn, wenn ich Sie vergewaltige oder tätlich angreife?« Er war unruhig, unkonzentriert, fahrig, zornig. Die Therapeutin konnte stets gelassen bleiben, weil sie unter diesen wütenden Ausfällen deutlich spürte, dass da ein verzweifeltes vierjähriges Kind wegen der Untreue und Schwäche, der »Dummheit und Unfähigkeit« der ehemaligen Mutter raste, die den tatsächlichen körperlichen Gewalttaten des Vaters nichts entgegenzusetzen hatte.

Der in dieser Phase der Analyse sich zeigenden Übertragung entsprach die korrespondierende Gegenübertragung: Wäre der tatsächlich kräftige und vitale Patient ein Mörder gewesen, so wäre dies vermutlich spürbar gewesen und die Therapie hätte im Sinne des Selbstschutzes sofort beendet werden müssen. So aber spürte die Therapeutin kein einziges Mal Angst, sondern Mitgefühl und Sympathie. Das ehemalige Kind war verzweifelt und der erwachsene Mann war kein Mörder oder Vergewaltiger. Denn das Unbewusste »ist mit Umgehung des Bewußten in der Lage, mit dem Unbewußten eines anderen Menschen zu korrespondieren«, wie Freud sagt.

Ein anderes Mal wieder war der Patient dankbar, froh, äußerst konzentriert: »Ich muss zugeben, die Therapie bringt wirklich was.« Am Telefon konnte er oft mehr Nähe zulassen: »Sie sind die erste Person in meinem Leben, die mich versteht, wirklich versteht. Ich mag Sie deswegen.«

Auch das war ein Übergang. Denn das Ziel war, nicht zuletzt mittels der geschilderten Modellszene im vierten Lebensjahr, die Ambivalenz des Patienten, eines sehr begabten Künstlers, aufzuheben und einer besseren Lebensweise zuzuführen.

Und endlich bietet das therapeutische *Setting*, d. h. die stets gleich bleibende Situation des analytischen Raumes, der Umgebung, der Zeit für die Therapiesitzungen, der langsam vertrauter werdenden Figur des Analytikers einen Rahmen, der aus »Gewohnheit« dafür sorgt, dass das Unbewusste sich melden darf. So ist es z. B. typisch, dass ein Patient/eine Patientin (meist erst nach längerer Analyse) das Behandlungszimmer betritt, sich hinlegt und zu weinen beginnt und dann meint: »Komisch, mir ist es die ganze Zeit außerhalb gut gegangen – ich weine nur hier.« Vielleicht ist der Vergleich erlaubt mit dem Weinen kleiner Kinder, die ihre Mutter eine Stunde nicht gesehen haben, während die Großmutter oder die Tante oder

der Vater mit dem »die ganze Zeit sehr vergnügten Kind« gespielt haben, aber bei dem Wiedersehen mit der Mutter zu weinen beginnen, weil unbewusst der Schmerz des Kindes über die wenn auch nur kurze Trennung von der Mutter sich erst melden darf, wenn die »home-base« wiederhergestellt ist. Die »Gewohnheit«, in den Räumen des Therapeuten lange verdrängte und verpönte Gefühle äußern zu dürfen, wird mit der Zeit dafür sorgen, dass dies jedes Mal der Fall ist. Bekannt ist auch, dass, je näher die Beziehungsperson, um so ungeschminkter darf sich unbewusstes Denken und Reden und vorbewusstes Erzählen Raum schaffen – vorausgesetzt allerdings, dass die primären Bezugspersonen dies erlaubt haben und das ehemalige Kind sich wohl aufgehoben fühlte in dieser ersten sicheren Umgebung. Die Therapie profitiert von dieser ersten Liebesbeziehung – oder ist dazu aufgerufen, sie zu korrigieren.

Fast jeder Mensch möchte »seine« Neurose behalten

Diese Behauptung klingt erstaunlich. Wurde nicht seitenlang geschrieben, dass zahlreiche Patienten auch heute noch »unerlöst« von einem Arzt zum anderen laufen, immer auf der Suche nach jemandem, der sie heilen, der ihnen helfen könnte? Und ist nicht jemand, der sich zu einer Therapie entschlossen hat, offensichtlich bereit, seine Störungen, seine Neurose loszuwerden?

Doch, das ist er sicher. Aber was im Bewusstsein ist, ist im Unbewussten noch lange nicht frei von Widerständen. Der bewusste Wunsch gibt keine Auskunft über die unbewussten Widerstände gegen die Absicht, gesund zu werden. Und so ist es denn das schon so viel besprochene Unbewusste, das fast immer dafür sorgt, dass vor dem Entschluss zu einer Therapie und auch den ganzen therapeutischen Prozess begleitend der sogenannte »Widerstand« dafür sorgt, dass nicht alles so schnell und glatt läuft, wie es oft wünschenswert wäre, für den Patienten ebenso wenig wie für den Therapeuten. Die »Abwehr« eines Patienten, an und für sich eine gute Eigenschaft, die in vielen Situationen des Alltagsleben das Leben leichter und erträglicher macht, sorgt im therapeutischen Prozess dafür, dass alles langsamer geht als erhofft.

Erinnern wir uns: Sigmund Freud hatte zu Beginn seiner therapeutischen Bemühungen, wie viele andere Ärzte auch, mit der Hypnose gearbeitet. Er war erstaunt, wie dieses »Zaubermittel« bei zahlreichen Patienten zu rascher Besserung führte. Und er war ebenso erstaunt, wie schnell und fest überzeugt Patienten rationale Erklärungen für eine Handlung, die sie in Hypnose ausgeführt hatten, geben konnten. So schlug Sigmund Freud eines Tages einer Patientin vor, das Fenster ihres Krankenzimmers zu schließen – die Patientin tat in der Hypnose wie ihr geheißen. Als sie aus der Hypnose erwachte und Freud sie fragte, warum sie das Fenster geschlossen habe, es sei doch eher ein warmer Tag, antwortete die Patientin, nein, es sei ihr kühl gewesen. Dies stimmte natürlich nicht, sondern Freud hatte ihr die Anordnung gegeben; was die Patientin aber, weil sie sich zu diesem Zeitpunkt in Hypnose befunden hatte, nicht wissen konnte. Was er damit eigentlich tat, war, den Widerstand der Patientin zu unterlaufen. Er wurde damit zum Agenten und Architekten ihres Heilungsprozesses, nicht sie selbst. Er bestimmte, was sie zu tun hatte, nicht sie selbst. Man könnte ja argumentieren, dass dies nicht so schlimm sei, Hauptsache, die Patientin habe ihre Symptome verloren. Aber was Freud immer deutlicher sah und spürte, war, dass er damit einen wichtigen Teil der Persönlichkeit seiner Patienten nicht beachtet hatte, der sich aber mit Sicherheit wieder melden würde: in Rückfällen nämlich, die regelmäßig dann auftraten, wenn eine neue Situation erneut eine krank machende Vorstellung durch Assoziation aktivierte. Für die Überlegungen Freuds hinsichtlich der Suche nach besseren Methoden war auch die Erfahrung wichtig, dass nicht alle Patienten sich hypnotisieren ließen. Lediglich Menschen, die sich leicht der Suggestion öffnen, ließen sich auch hypnotisieren, andere nicht.

Die freie Assoziation und die weiteren, oben genannten Methoden der Aufdeckung unbewusster Konflikte, Befürchtungen und Ängste tragen somit der Tatsache Rechnung, dass Menschen generell Widerstände gegen ihre Heilung an den Tag legen. Auch Menschen reagieren wie ein System, das im Gleichgewicht bleiben möchte: Die eigenen Ängste, Befürchtungen, Ausweichmanöver kennen sie bereits, aber die Situation, die nach einer Aufdeckung unbewusster Inhalte kommen wird, die kennen sie nicht. Das heißt, dass da eine Angst vor dem Neuen, vor dem Unbekannten herrscht, die häufig nicht ins Bewusstsein rückt. Oder, in den Worten Lichtenbergs ausgedrückt, die Motivationssysteme »Sicherheit« und »Zugehörigkeit« rebellieren gegen eine allzu schnelle Veränderung.

In der Praxis sind die meisten der entstehenden Widerstände feinerer Natur. Die Widerstände eines Patienten können sich auf sehr vielen Ebenen zeigen, die diesem selbst gar nicht bewusst sind. Er kann ständig zu spät kommen, seine Stunden absagen, lieber in Ferien fahren als eine regelmäßige Therapie zu absolvieren, es kann ihm »nichts mehr einfallen«, er kann eine schreckliche Wut auf den Therapeuten bekommen oder sich in den Therapeuten verlieben und beides nicht zum Ausdruck bringen wollen oder können. Beides sind Übertragungsprozesse im oben geschilderten Sinne, also auch für die Therapie sehr nützlich. Aber sie sind dennoch auch Widerstände. Es gibt so viele Formen von Widerständen, wie es Patienten gibt – sie lassen sich deshalb gar nicht aufzählen. Wichtig ist, dass ein Patient weiß, dass er nur das aufdecken muss, was er selbst und in Übereinstimmung mit seinem bewussten Wollen aufdecken will. Das Unterlaufen des bewussten und des unbewussten Widerstandes, in der Hypnose noch »selbstverständlich«, ist in der psychoanalytischen Therapie nicht zulässig.

6. Kapitel

Grundhaltungen der Psychoanalyse

Verständnis entsteht aus der *gemeinsamen* Arbeit – dem *gemeinsamen* Spiel zweier Menschen. Verstehen ist also ein *relationaler* Weg des Seins und der Erkenntnis.

Donna M. Orange

Die Psychoanalyse enthält Grundprinzipien, die im therapeutischen Prozess fast selbstverständlich angewandt, aber selten explizit benannt werden. Dennoch haben sie von Beginn der Entstehung der Psychoanalyse an deren Ausgestaltung mit bestimmt. Sie stellen einen weitgehend verborgenen Anteil des Goldes der Psychoanalyse dar, das den Patienten zur Verfügung steht. Einige dieser Prinzipien sollen im folgenden dargestellt werden. Sie charakterisieren die Psychoanalyse besser als die wiederholte Darstellung ihrer theoretischen Konzepte. Es sind dies: das Verstehen des Anderen, die gegenseitige Verpflichtung zur Wahrheit, die Achtung vor dem inneren Erleben eines Patienten, die Beachtung seiner Subjektivität und Individualität und die Achtung des Anderen, die nicht zuletzt auf Selbstachtung beruht.

Diese auch als ethisch zu bezeichnenden Grundprinzipien klingen zunächst selbstverständlich, sind es aber nicht. Zwar gehören sie historisch und philosophisch in die Kultur der Aufklärung der sich entwickelnden westlichen Zivilisation. Aber sie sind immer gefährdet.

Warum und wie heilt die Psychoanalyse?

Patienten, die der Meinung sind, der Psychoanalyse ihr Leben zu verdanken (und das sind viele), können diese Frage vielleicht einfacher beantworten als Psychoanalytiker. Und auch diejenigen, deren Lebensqualität durch die psychoanalytische Therapie sehr verbessert wurde, werden die Antwort leichter finden.

Die Vertreter der Psychoanalyse streiten über die Beantwortung dieser wichtigen Frage von ihren Anfängen an. Ihre Antworten sind nicht eindeutig, oft widersprüchlich. Häufig wurde eine bestimmte Antwort auf die Frage des Wie des Heilens zum Anlass genommen, eine eigene Schule der Psychoanalyse zu gründen und zu verabsolutieren. Nach meiner Auffassung ist das weder notwendig noch nützlich. Abgesehen von eigenen Vorlieben war es nicht selten die Unterschiedlichkeit der Patienten, die unterschiedliche Antworten zur Folge hatte. Hinzu kommen neuere Forschungsergebnisse, die Sigmund Freud noch nicht zur Verfügung standen, wie etwa die, dass Psychotherapie, also verbale Information im Rahmen einer günstigen menschlichen Beziehung, somatische Veränderungen im Gehirn selbst zur Folge hat. Anzunehmen ist, dass auch die psychoanalytischen Grundhaltungen eine heilende Wirkung begünstigen.

Kürzlich erzählte mir eine fast siebzigjährige Patientin, dass sie auf dem Heimweg nach ihrer Therapiestunde plötzlich einen Einfall hatte und diesen auf einen kleinen Fetzen Papier niedergeschrieben habe. Auf dem Zettel, den sie in die nächste Stunde mitbrachte und mir schenkte, standen die Worte: »Langsam wird meine Seele gesund.« Sie strahlte mich an, als sie dies erzählte und meinte, dass es ein Unterschied sei, ob sie Medikamente nehme und sich danach besser fühle oder ob sie etwas in der Stunde erlebt hätte, was ihre Seele beträfe. Letzteres sei die Gesundung, die sie fühle.

Dies ist eine der möglichen Beschreibungen der heilenden Wirkung der Psychoanalyse: Die Seele beruhigt sich in einer haltenden Beziehung durch gemeinsames geduldiges Verstehen der individuellen und unverwechselbaren Geschichte des Patienten und kann schließlich alte und gegenwärtige Verletzungen überwinden. Die Beruhigung kann lange Zeit in Anspruch nehmen; darum sind Zeit und Geduld wie auch die anhaltende emotionale Verfügbarkeit des Analytikers für den Patienten so wichtig.

All dies war in langen Jahren der gemeinsamen Arbeit mit der Patientin vorausgegangen, bis dieser Moment, »blitzartig« erfasst, wie eine ganz neue Idee die Patientin überfiel und eine stabile Veränderung bewusst machte. Daniel Stern würde sagen, dass es sich um einen »Gegenwartsmoment« gehandelt habe (Stern 2005).

Sigmund Freud hatte in seinen Anfängen gemeint, dass eine emotionale »Abfuhr« der verdrängten übermächtigen Gefühle heilen würde, die im Zusammenhang mit einer traumatischen Erfahrung entstanden seien und zum Zeitpunkt ihrer Entstehung wegen ihrer Schmerzhaftigkeit ins

Unbewusste verdrängt werden mussten. Er glaubte, dass zuvor Unbewusstes, Verdrängtes durch Hypnose oder »Erraten« des Analytikers dem Patienten bewusst werden und dann durch Katharsis abgeführt werden könne. Bis heute ist diese Auffassung nicht ganz ungültig, aber viele Erklärungen sind hinzu gekommen, die Sigmund Freuds Auffassung ergänzen.

Obgleich Sigmund Freud vor 1900 noch nicht von Deutung sprach, finden wir in der oben erzählten Geschichte von Katharina bereits alle ihre Elemente. Freud spricht von »Erraten« und meint damit die Herstellung zerrissener Zusammenhänge von Erlebtem, insbesondere sexuell-traumatisch Erlebtem, mit dem Verdrängten, das zu Symptomen führt. Freud war folgender Ansicht: Wenn der Zusammenhang zwischen dem traumatisch Erlebten und der durch Verdrängung entstandenen Symptomatik verstanden wird, dann verschwinden die Symptome und der Patient ist geheilt. Logisch handelte es sich also um die Übersetzung von etwas »Falschem« in etwas »Wahres«, potentiell in die subjektiv wahre Geschichte (die der objektiven nicht widersprechen muss) des Patienten.

Später wandte er seine Aufmerksamkeit auf die Weckung von Einsicht in die Übertragung auf den Analytiker und auf den Widerstand gegen die Heilung, die bei geeigneter Aufklärung und Deutung verschwänden und mit ihnen die neurotischen Symptome.

Schon früh, nämlich in den 20er und frühen 30er Jahren des vorigen Jahrhunderts lenkte der ungarische Psychoanalytiker Sandor Ferenczi die Aufmerksamkeit auf die Beziehung zwischen dem Analytiker und dem Patienten. Letzten Endes sei es die Beziehung zum Patienten, die diesen heile. »Ohne Sympathie keine Heilung« lautet der Titel seines Tagebuches. Vor allem traumatisierte Patienten, so Ferenczi, seien nur zu heilen, wenn die Erfahrung im Rahmen der Analyse eine andere sei, als die zuvor erlebten. Patienten bedürften, wie ein »traumatisch schwer betroffenes Kind«, der Liebe und der Fürsorge des Therapeuten.

Ferenczi wies auch auf die Wichtigkeit der Persönlichkeit des Analytikers hin. Er schrieb in sein Tagebuch, dass ihm Analysen missglückt seien, weil er versteckte Anspielungen von Patienten auf die Unnatürlichkeit seines erlernten distanzierten und zu kalten Benehmens nicht rechtzeitig verstanden habe.

Über diese Einsichten Ferenczis gibt es heute fast Konsens. Allerdings ist es eine Frage, ob »keine Analyse gelingen kann, in der es uns nicht gelingt, den Patienten wirklich zu lieben. Jeder Patient hat das Recht, als ein schlecht behandeltes, unglückliches Kind betrachtet und gepflegt zu werden.« (Ferenczi 1932, S. 40) Zwar leiden viele Patienten an einer kindlichen Traumatisierung. Aber bei weitem nicht alle Patienten sind deshalb psychisch krank, weil sie »schlecht behandelt« wurden. Sie sind folglich auch nicht auf eine die Elternliebe ersetzende Zuneigung von Seiten des Analytikers angewiesen. Im Gegenteil kann eine solche Zuneigung von bestimmten Patienten als Übergriff erlebt werden, als egoistische Selbstbedienung eines bedürftigen Analytikers am vermeintlich armen Patienten. Denn »normale« Neurosen kommen »in den besten Familien« vor, sagt nicht nur Ernst Federn. Wie gezeigt wurde, liebte Anna O. zum Beispiel Joseph Breuer wie ihren eigenen Vater. Sie war keineswegs ein vernachlässigtes Kind aus einer vernachlässigenden Familie, wenn wir auch über die Feinstruktur ihrer mütterlichen Beziehung nichts wissen. Bei ihr spielten wohl eher Triebkonflikte eine Rolle. Auch für das Mädchen Katharina gilt dies. Zumindest ihre Mutter verstand und beschützte sie. So sind es denn oft unterschiedliche Patienten die unterschiedliche Therapien brauchen. Die vermeintlich beste Theorie darf nicht den Blick dafür verstellen, dass Patienten einer Behandlung bedürfen, die ihrer speziellen Erkrankung entspricht.

Damit ist ein wichtiger Grundsatz ausgesprochen: Es kommt innerhalb des Rahmens der Psychoanalyse niemals auf eine bestimmte theoretische Ausrichtung und damit auf eine von vorneherein fest gelegte Auffassung an, die ein Analytiker einem Patienten entgegenbringt, seien diese noch so gut begründet und noch so gut gemeint. Sondern es kommt darauf an, zu *verstehen*, was ein bestimmter, unverwechselbarer Patient braucht: Deutung unbewusster Triebkonflikte, Spiegelung, Tröstung, wieder gut machende Zuneigung oder noch anderes. Sicher ist, dass jeder Patient der Empathie bedarf. Aber er selbst muss bestimmen dürfen wofür.

Verstehen, das im Rahmen einer empathischen Beziehung möglich wird, heilt. Eine aus diesem Verständnis resultierende Deutung (als die Bestimmung des Verhältnisses von Wahrem zu Falschem) heilt ebenfalls. Eine auf die Geschichte des Patienten zutreffende Deutung als Rekonstruktion der subjektiven Geschichte des Patienten setzt bereits eine Beziehung zwischen Analytiker und Patient voraus.

Längere Zeit nach Sigmund Freud und Sandor Ferenczi haben moderne Säuglingsforscher, Entwicklungspsychologen, Bindungsforscher und Selbstpsychologen immer feiner die zwischenmenschlichen Abstimmungen zwischen Mutter und Kind erforscht. Die Psychoanalyse hat inzwischen die meisten dieser Forschungsergebnisse zustimmend in ihre Praxis integriert. Sie widersprechen sich weniger, als sie sich ergänzen, auch wenn im einzelnen viel über die Wertigkeit oder die Akzentsetzungen gestritten wird, wie das im Rahmen von normalen Wissenschaftsentwicklungen üblich ist.

Konsens besteht weitgehend auch darüber, dass der analytische Prozess, wenn er Heilung vor allem bei schwerer traumatisierten Patienten fördern will, einem der frühen Mutter-Kind-Interaktion ähnlichen Einstimmungsprozess gleichen sollte. In diesem Rahmen ist es dann erst möglich, »Wahres« von »Falschem« zu unterscheiden, d. h. alte »Kindertheorien«, die vielleicht aufgrund eines einzigen Erlebnisses mit einem noch unreifen Kinderverstand gebildet wurden, aufzuheben und durch neue, realitätsnahe, »erwachsene« Bilder, Phantasien und »Theorien über das Leben« zu ersetzen.

Das folgende Beispiel soll dies illustrieren.

Lily, eine im Alter von drei Jahren sexuell missbrauchte Patientin, hatte, so ergab der analytische Prozess, in diesem Alter die Auffassung gebildet, dass Männer nur auf Sexualität reagieren, auf sonst gar nichts. Diese Auffassung bestimmte ihr gesamtes Leben. Sie setzte als unbewusste Schutzmaßnahme in allen Begegnungen ihren Körper ein, lernte Frauen zu misstrauen (weil diese, ihr unverständlich, normalerweise hierauf nicht reagierten) und ließ sich lebenslang weiter missbrauchen. Die kumulativen schweren Misshandlungen, die sie erlitt, hätten ihre Person beinahe für immer zerstört.

Erst der völlige Zusammenbruch im Alter von über 50 Jahren – nach zahlreichen vorangegangenen Krisen und neuem Missbrauch – brachte sie über die Vermittlung ihres Arbeitgebers in die Analyse zu einer Therapeutin. Spontan lehnte Lily diese zunächst ab, weil sie nicht den Schemata ihres Kinder- und Erwachsenenerlebens entsprach. Mit der Zeit lernte sie aber, zusammen mit der Analytikerin ihr gesamtes Leben zu verstehen und anzunehmen. Die Wahrheit rückte an die Stelle der Verzerrung, die ihr Kleinkindverstand sich mit drei Jahren gebildet hatte. Zahllose »Jetzt-Momente« im Sinne Daniel Sterns (2005) charakterisierten Lilys Krisen im Umgang mit ihrer Therapeutin. Diese sollte zu Beginn der Therapie nur in blauen Kleidern und langen Haaren die Stunde abhalten, die Farbe der Gottesmutter, die verzeihen und reinigen sollte. Die Seele von Lily wurde von ihr selbst als »schwarz wie Kohle« geschildert, ein offensichtliches Kinderbild. Auch Krampus, Helfer des Nikolaus, hatte ihr einst Angst eingejagt; nach und nach wurden diese und noch sehr viel schlimmere Schrecknisse ihres Lebens angeschaut und verstanden.

Nach fünf Jahren der wöchentlich dreistündigen Therapie sagte sie: »Früher war ich krank und heute bin ich gesund.« Sie war noch nicht gesund, aber im Vergleich mit »früher« fühlte sie sich viel besser. Sie verstand, wie ihre frühen Kindertheorien sie auf Abwege geführt hatten, die nicht mehr behebbar schienen. Die verlässliche Beziehung zu ihrer Therapeutin hatte ihr geholfen, nach und nach den Schrecken ihrer Kindheit ins Gesicht zu schauen. Diese können nicht ungeschehen gemacht werden, aber im Zusammenhang mit neuen Beziehungen und neuen Situationen immer blasser werden und ihre zerstörerische Wirkung langsam verlieren.

Über das Verstehen des Anderen

Das Verstandenwerden stellt für die meisten Patienten die wichtigste Qualität des psychoanalytischen Prozesses dar. Verstanden werden heißt anerkannt werden. Verstanden werden ist nicht festgelegt, sondern bezieht sich individuell auf den jeweiligen Patienten. Verstehen setzt eine Beziehung des Analytikers zum Patienten voraus und begünstigt damit auch die Beziehung des Patienten zum Analytiker.

Warum ist das so?

Das erwachsene Verstehen, sowohl das averbale, nur mit Hilfe von Mimik und Gestik vermittelte, als auch das verbal vermittelte Verstehen, hat mit den frühesten Mutter-Kind-Interaktionen Ähnlichkeit. Im Verstehensprozess spiegelt ein Subjekt das Andere; im Verstandenwerden erkennt der Andere seinen Wert. Im Verstandenwerden gibt es keine menschliche Einsamkeit. Indem ich einen anderen verstehe, zeige ich, dass ich ihn achte, dass ich um seine Bedürfnisse weiß und dass ich glaube, dass man sie wissen kann. Der Andere fühlt sich dann nicht mehr alleine in der Welt, sondern aufgehoben im Hier und Jetzt und in seiner individuellen Geschichte.

Wie aber ist Verstehen möglich? Woher weiß ich, dass ich »richtig« verstehe? Wie kann ein Mensch einen anderen verstehen, ohne sich grundlegend zu irren?

Die Fähigkeit, einen anderen Menschen zu verstehen, ist angeboren. Trotzdem muss sie wie alles, was angeboren ist, auch entwickelt werden. Sie entwickelt sich im Rahmen einer sicheren Bindung von Mutter und

Kind und damit innerhalb einer haltenden Beziehung. Konnte sie sich nicht entwickeln, so gibt es eine zweite Chance im intersubjektiven und interrelationalen Kontakt mit einem Analytiker.

Das Nachdenken über die Möglichkeiten des Verstehens ist Gegenstand jahrhundertealter philosophischer Bemühungen. Von Kant über Hegel und Dilthey zu Heidegger und Gadamer zeigt die Philosophin und Psychoanalytikerin Donna M. Orange die Geschichte des Verstehens im Rahmen der Philosophie auf (Orange 2004).

Psychoanalytisches Verstehen bedeutet vor allem das Verstehen einer individuellen Entwicklung.

Missverständnisse sind in diesem Rahmen nicht der Gegensatz zu Verstehen, sondern sie sind Teil des Verständigungsprozesses. Missverständnisse können vertieftes Verständnis zur Folge haben, wenn man sich um ihre Klärung bemüht. Die meisten Patienten verzeihen ihrem Analytiker Missverständnisse und Fehler, wenn dieser dazu in der Lage ist, sie einzugestehen – nicht gezwungenermaßen und auf Druck, sondern in der grundsätzlichen Haltung eines Menschen, der weiß, dass niemand allwissend ist und jeder sich irren kann. Bei schwer gestörten Patienten, die in ihrer Kindheit von niemandem verstanden wurden und die daher annehmen müssen, dass sich ihre Geschichte des Nichtverstanden-Werdens in der Analyse wiederholen wird, kann ein gegenseitiger Verständigungsprozess und die Übung im Verzeihen von Missverständnissen lange Zeit brauchen. Aber bei den meisten Patienten werden die Geduld eines Analytikers und die stete Deutung des Wiederholungszwangs, der sich auf die Erwartung von Traumatisierung durch erneutes Nicht-Verstandenwerden bezieht, Erfolg haben.

Über die Wahrheit in der Psychoanalyse

In der Geschichte der Menschheit wurde immer wieder im Namen der Wahrheit gefoltert und gemordet. Deshalb ist der Anspruch auf Wahrheit generell in Verruf geraten. Postmoderne Beliebigkeit ist aber kein Ausweg. Zwar hat die Verletzung der Pflicht zur Wahrheit im Rahmen der Psychoanalyse keine Auswirkungen körperlicher Art, aber sie hat sie in seelischer Hinsicht. So kann es sein, dass ein Analytiker meint, er alleine befände sich im Besitz der (wissenschaftlichen) Wahrheit, die der Patient anzuerkennen habe, auch dann, wenn es sich ausweislich um die Erlebnisse, Gefühle und Gedanken des Patienten handelt. Diese Anmaßung kann nur negative Folgen haben. Sie widerspricht auch den oben dargestellten Erfordernissen des Verstehens und der Empathie.

Die Frage nach der Wahrheit ist sehr wichtig für den Prozess der Heilung; ich muss deshalb ein wenig ausgeholen, um zu erläutern, was im Rahmen der Psychoanalyse genau mit der Verpflichtung zur Wahrheit gemeint ist, die für beide Beteiligte, Patient und Analytiker, gleichermaßen gilt.

So fragt mich ein Patient immer wieder: »Haben Sie mich schon mal angelogen? Ich habe Sie noch nie angelogen«. Ich: »Nein, ich habe Sie noch nie angelogen; ich sage nicht alles, aber ich habe Sie noch nie angelogen.« Das ist die Wahrheit, auf die wir beide uns verlassen können.

Für diesen Patienten ist die Frage nach der Wahrheit meiner Aussagen und die Sicherheit der Information deshalb wichtig, weil seine Kindheit von dauernd wechselnden Informationen, Zuschreibungen und Unwahrheiten charakterisiert war – etwas, was große Verwirrung in seinem Kopf angerichtet hat.

Von Beginn der Psychoanalyse an lautete die therapeutische Anweisung Sigmund Freuds für den Patienten, die sogenannte Grundregel einzuhalten: Alles zu sagen, was ihm einfalle, nichts zu verschweigen, auch nicht, was ihm eventuell unwichtig, peinlich oder beschämend zu sein schien.

Auf Seiten des Analytikers war die Verpflichtung zur Wahrheit für Sigmund Freud ohnehin selbstverständlich. Sie galt nicht nur für den psychoanalytischen Prozess, sondern auch für die Redlichkeit wissenschaftlichen Arbeitens. So waren beispielsweise die Fallgeschichten, die einer der ersten Schüler Freuds, der Arzt und Psychoanalytiker Wilhelm Stekel, in seinen Veröffentlichungen »erfand«, Anlass für große Empörung. Sie brachten Sigmund Freud dazu, Stekel »als einen Fall von moralischem Schwachsinn« zu bezeichnen. Die strenge Verurteilung wissenschaftlicher Unredlichkeit war charakteristisch für den Forscher Sigmund Freud.

So sollte es bleiben: Die Wahrheit ist ein entscheidender Faktor für die Zuverlässigkeit eines Analytikers, ohne sie geriete der gesamte Prozess in Unordnung. So meinen depressive Patienten häufig, wenn man ihnen etwas Positives spiegelt, dass dies der Analytiker aus therapeutischen Gründen ja tun müsse, auch wenn es nicht seiner Auffassung entspräche, weil er »den Sünder nicht mit dessen unmöglicher Natur konfrontieren könne«. Sie treten dem Club nicht bei, der sie als Mitglied aufnehmen will, kann man da mit Sigmund Freud sagen. Es ist nicht ganz einfach, einen Depressiven davon zu überzeugen, dass es sein eigener Affekt ist, der ihn glauben lässt, der Analytiker müsse lügen, um ihn nicht zu verletzen.

Der italienische Analytiker Enzo Codignola (1986) hat versucht, *Das Wahre und das Falsche* in der Psychoanalyse zu bestimmen. Paul Ricœur (1969) wies schon vor ihm auf Ähnlichkeiten in den Arbeiten von Marx, Nietzsche und Freud hin. Sie alle seien »Meister des Zweifels« gewesen, deren Ziel die »Entmystifizierung des Objekts« gewesen sei.

> Alle drei ... legen den Horizont frei für eine authentische Sprache, für ein neues Reich der Wahrheit, nicht allein mittels einer ›destruktiven Kritik‹, sondern durch die Erfindung einer Kunst des Interpretierens. Wenn das Bewußtsein nicht so ist, wie es zu sein vorgibt, dann muß ein neues Verhältnis zwischen Manifestem und Latentem begründet werden. (Ricœur 1969, S. 47)

Die Methode der Aufdeckung des Unterschieds zwischen »Wahrem und Falschen« sei für Sigmund Freud das Instrument der Deutung gewesen. Die Deutung könne als »Erschließung des zunächst Verborgenen durch Einsicht in den Zusammenhang von Ereignissen, Handlungen, Worten, Formeln und Kunstwerken verstanden werden« (Codignola 1986).

Manfred Spitzer, Neurobiologe und Ordinarius für Psychiatrie in Ulm, der in seinen Publikationen häufiger auf die erstaunliche Stimmigkeit der Einsichten Freuds hinweist, sagt in seiner neuesten Aufsatzsammlung *Frontalhirn an Mandelkern* (2005), dass Freud schon vor gut 100 Jahren gewusst habe, dass es gut sei, »weniger darauf zu achten, was die Leute bewusst sagen, sondern was sie unbewusst von sich geben«. Er bezieht sich auf Sigmund Freuds »noch heute sehr lesenswerte *Psychopathologie des Alltagslebens*, in der zahlreiche Beispiele zeigen, wie Menschen etwas Bestimmtes nicht sagen wollen und es dann doch durch ihre (Sprach)handlungen verraten, was sie wirklich meinen« (Spitzer 2005, S. 54).

Wird eine Deutung, die den Zusammenhang zwischen bewusstem Erleben und dessen unbewusster Motivation wieder herstellen soll, aus dem Zusammenhang der Interaktion zwischen Analytiker und Patient gerissen, so kann sie unwirksam werden, weil sie die subjektive Verfassung des Patienten nicht berücksichtigt. Wird sie aber zugunsten der Beziehung oder gar der gut gemeinten »Schonung« des Patienten aufgegeben oder zumindest vernachlässigt, wie manche Psychoanalytiker fordern, so bliebe die Wahrheit auf der Strecke. Es bestünde die Gefahr, dass ein ursächlich zerrissener Zusammenhang zwischen Erlebnis und der (falschen) Theorie über das Erlebnis, von einem Kind einst formuliert und »beschlossen«, für immer zerrissen bliebe. Empathie und Zuneigung sind kein Ersatz für die Aufklärung von Zusammenhängen, sondern sie sind dessen günstige Voraussetzung und bieten für diese den Rahmen. Der aufklärende Impetus der Psychoanalyse würde unmerklich zerstört, die Wahrheit psychoanalytischer Erkenntnis verschwände, wenn der Unterschied zwischen Bewusstem und Unbewusstem als Gegenstand der Analyse verwässert würde.

Es ist also wichtig, die Errungenschaften der neueren Forschung, gegründet auf dem Zuwachs des Wissens über frühe und früheste Mutter-Kind-Beziehungen mit dem älteren Aufklärungsanspruch von Sigmund Freud zu verknüpfen. Beide zusammen bilden eine bessere therapeutische Ausgangslage und sorgen für ein günstigeres Ergebnis der Psychotherapie, als isolierte Ansätze dies tun könnten.

Die psychoanalytische Wahrheit bezieht sich also auf die deutende Aufklärung zwischen dem Bewussten und dem Unbewussten und dessen falscher Verknüpfung. Ein Kind hat noch keinen reifen Verstand, es begreift über lange Zeit lediglich einfachste Wenn-dann-Kausalitäten; es nimmt selbstbezogen wahr: »Mama hat einen Schnupfen und ich bin schuld.« Oder: »Der Stuhl fällt um und ich bin schuld.« Sein sich langsam herausbildendes Denkvermögen kann sich noch nicht vorstellen, dass es Dinge in der Welt gibt, die unabhängig von ihm selbst existieren. So bilden sich frühe und früheste Theorien, von den Eltern meist unbemerkt, die sich im Vorbewussten und im Unbewussten und vor allem im impliziten Gedächtnis halten. Von diesem »Ort« aus bestimmen sich viele der Handlungen des in dieser Hinsicht sich selbst fremden Erwachsenen. Oben wurden einige Beispiele für solche Kindertheorien dargestellt. Erst die Deutung, gemeinsam von Analytiker und Patient erarbeitet, kann diese Zusammenhänge klären und erklären und einer neuen, dann befreienden, weil das Leben verändernden Wahrheit zuführen.

Wie viele Patienten, die als kleines Kind einen Elternteil durch Tod verloren haben, glauben unbewusst, sie seien Mörder? Oder auch der übrig gebliebene Elternteil habe etwas mit dem Tod des Anderen zu tun? Sie führen deshalb nicht selten ein Leben, das unter dem Diktat steht, andere Menschen vor sich schützen zu müssen, oder sie erleben sehr aggressive Gefühle den primären Objekten gegenüber. Das ist »unwahr«, aber der psychoanalytischen Deutung im Rahmen einer analytischen Beziehung kann es gelingen, die Wahrheit heraus zu finden. Der Patient wird damit von unbewussten, unerträglichen Schuldgefühlen, die ein Leben vergiften können, befreit. Das Gefühl der Befreiung kann eine solche Lust sein, dass das weitere Leben zur Lust wird.

Wie viele Menschen glauben, sie seien an ihrem erlittenen Missbrauch selbst schuld, weil sie böse und verworfen seien, die Hölle wegen ihrer Schlechtigkeit verdienten? Es kann lange dauern, bis eine völlig verwirrte Erwachsene, einst missbraucht, glauben kann, dass fast jedes missbrauchte Kind aufgrund seiner noch unreifen Denkweise die Schuld des Verführers auf sich nimmt, sich damit identifiziert und unglücklich und verwirrt sein weiteres Leben zu führen gezwungen ist. Auch hier wird im Rahmen einer empathischen Beziehung die psychoanalytische Deutung Raum bieten für eine neue Sichtweise der Dinge.

Wie viele Menschen glauben, für sie stehe kein glückliches Leben zur Verfügung, weil sie eine schwere Schuld auf sich geladen haben, von der sie gar keine Ahnung haben, woraus diese denn bestehen soll, weil diese »nur« einer im impliziten Gedächtnis gespeicherten alten Kindertheorie entspricht?

So ist das Herausfinden der Wahrheit unverzichtbarer Bestandteil des therapeutischen Prozesses, Grundlage des gemeinsamen Fühlens und Handelns und Grundlage auch für die Entstehung der zahlreichen »Gegenwartsmomente« im Sinne Daniel Sterns (2005), die eine Veränderung des Lebens herbeiführen.

Über die Achtung vor dem inneren Erleben

Die Psychoanalyse achtet in ihrer Arbeit nicht auf die Oberfläche einer Störung, sondern auf die jeweils tieferen Gründe für dieselbe. Es kommt ihr auch nicht darauf an, ein gegebenes Verhalten weg zu kurieren, sondern zu fragen, wie es entstanden ist, was es bedeuten kann, welchen Sinn es in der gesamten Geschichte und Entwicklung einer individuellen Person haben könnte. Die Psychoanalyse interessiert sich für das innere Erleben des Patienten. Bereits Sigmund Freud legte auf das Verständnis der inneren Bedingungen seiner Patienten den größten Wert. Die Analysen bei ihm, von zahlreichen Patienten aus dem In- und Ausland beschrieben, zeigen dies deutlich. Das innere Erleben eines Patienten, seine Gefühle, Stimmungen, Phantasien, Gedanken, Träume und Wünsche sind der Gegenstand der Analyse und der freien Assoziation. Es bestimmt auch den Kontakt und die Beziehung zum Analytiker, der darauf mit einer spezifischen Gefühlswelt auf seinen Patienten reagiert und damit wertvolle Aufschlüsse über die Art des Umgangs erhält, dem das ehemalige Kind und der spätere Erwachsene vermutlich ausgesetzt war.

So gibt es Patienten, die unbewusst einen Analytiker über lange Zeit in die Schmerzen und seelischen Verletzungen eintauchen lassen, die sie einst selbst erlitten haben. Traumatisierte Patienten setzen ihren Analytiker nicht selten der Gefahr aus, sich selbst traumatisiert zu fühlen, jedenfalls zu spüren, wie das Elend des Patienten sich angefühlt hat. Misshandelte Kinder misshandeln unter Umständen auch ihren Analytiker. Angstvoll aufgewachsene Kinder setzen auch den Analytiker angstvollen Stimmungen aus.

Aus diesem gemeinsamen Erleben, das der Analytiker dem Patienten spiegelt, wächst langsam das Verständnis für das So-Sein des Patienten und dessen Verständnis für sein Selbst. Damit verbunden sind wachsendes Selbstbewusstsein und ein besseres Selbstgefühl.

Über den Mut zur Subjektivität

Zahlreiche Patienten, die eine Therapie beginnen, fragen, wenn sie im Erstgespräch ihren Kummer und ihre Symptome schildern, ob dies oder jenes denn »noch normal« sei. Viele Patienten meinen, sie seien die einzigen Menschen, denen das Missgeschick eines psychischen »Versagens« passiert sei. »Normal« kommt von »Norm«, und Norm ist das, was in einer gegebenen Gesellschaft »üblich« ist, unabhängig von der Subjektivität und Individualität eines einzelnen Menschen.

Oft sind Patienten, die diese Bedenken haben, in der Vergangenheit streng erzogene Kinder, deren Gefühlsleben, deren Wünsche und Nöte in der Wahrnehmung ihrer Eltern nicht berücksichtigt wurden. Sie hatten kein Recht, eigene Gefühlswelten wahrzunehmen. Sie lebten einfach so, wie die Eltern meinten, dass Kinder leben sollten. Es ist auch noch nicht so lange her, dass ein Junge nicht weinen durfte und ein Mädchen keinen Baum erklettern sollte.

Was also kann der »Mut zur Subjektivität« bedeuten? Ist er vielleicht doch nur Egoismus? Ist dieser Mut in einer Welt erlaubt, in der Teile der

Bevölkerung nicht einmal Grundbedürfnisse wie Nahrung, Wohnen und Ausbildung befriedigen können? Kann man in einer Welt, die offensichtlich viele Defizite und Ungerechtigkeiten aufweist, überhaupt das Privileg des Anspruchs auf Subjektivität verteidigen?

Man kann, wenn klar ist, dass der Mut zur Subjektivität das Engagement für die Vielen einschließt, deren Lage entschieden verbessert werden muss. Umgekehrt hilft niemandem der Verzicht auf »Subjektivität« – vermutlich ist das Gegenteil der Fall. Zwischen den Ländern und Kulturen herrschen große Unterschiede, und niemandem nützt es, diese zu leugnen. Vielmehr liefern die Menschenrechte die Grundlage dafür, Ärmeren und Unterprivilegierten zu helfen.

Oft wird die Frage gestellt, vorzugsweise von eher depressiven Menschen, ob es denn anderen nicht schlechter gehe als ihnen, ob andere ihren Platz nicht eher benötigten und ob es berechtigt sei, durch Psychotherapie »glücklicher« zu werden. Es sind die Affekte, die die Wahrnehmung bestimmen, immer und überall. Und wenn die Affekte eine hellere Färbung annehmen, wird die Fähigkeit, durch eigenes Engagement Anderen zu helfen, vermutlich zunehmen.

Mark Solms meint, dass die Psychoanalyse uns den Zugang zu der *inneren Arbeit* des mentalen Apparates liefert, der von einem objektiven Standpunkt aus gar nicht untersucht, auch buchstäblich nicht gesehen werden kann. Für Mark Solms sind Gefühle das »perfekte Beispiel«:

> Gefühle können nicht gesehen werden, aber sie existieren mit 100% Sicherheit. Sie sind Teil der Natur. Und als solche haben sie Effekte auf andere Bereiche der Natur, einschließlich derjenigen, die gesehen werden können.

Und, so fragt er weiter:

> Wie kann etwas Immaterielles etwas Materielles beeinflussen, ohne dass es real ist? Die Antwort ist offensichtlich: natürlich ist es real. Realität ist nicht gleichbedeutend mit Sichtbarkeit! Gefühle sind real! Sie existieren. Sie haben Auswirkungen. Und aus diesem Grund ignorieren die Wissenschaften sie, weil sie eine Gefahr darstellen.

Und er fügt hinzu:

> Die innere Welt der subjektiven Erfahrung, wie wir sie erleben, ist so real wie Äpfel und Tische. (Solms 2002, S. 297, Übersetzung von S.E.T.)

Es geht also um einen dreifachen Aspekt des Mutes zur Subjektivität:

Einmal geht es darum, *dass das innere Erleben etwas zutiefst Subjektives ist*, das einen bestimmten Menschen von allen anderen Menschen unterscheidet, auch dann, wenn es verallgemeinerbare Gesetze des Denkens und des Fühlens, ihrer Entwicklung und ihrer Äußerungen gibt.

Zum zweiten geht es darum, dass *die Psychoanalyse eine Wissenschaft ist, in deren Rahmen die Subjektivität des Menschen erforscht wird.*

Und zum dritten geht es im Plädoyer für das Zulassen von Subjektivität auch um *diesen Mut im Rahmen der Therapie. In ihr geht es um zutiefst subjektive Gefühle, Gedanken und Phantasien, die einen Menschen individuell unverwechselbar auszeichnen.* Es geht gerade nicht darum, allgemeine menschliche Gesetzmäßigkeiten zu verstehen, den sich in einem Behandlungszimmer befindenden Patienten aber nicht adäquat zu erfassen.

Das bedeutet aber nicht, dass die subjektiven Gefühle, Phantasien, Erinnerungen, Eindrücke, Schlussfolgerungen und Theorien über die Welt nicht wissenschaftlich überprüfbar wären. Viele Praktiker schüren die Angst, die Psychoanalyse verlöre ihre eigentliche Substanz, wenn sie sich wie andere Wissenschaften überprüfen lasse. Nach der hier vertretenen Auffassung wird das Gegenteil der Fall sein (vgl. Leuzinger-Bohleber u. a. 2002). Michael Buchholz, Professor in Göttingen, ist zuzustimmen, wenn er die Entwicklung der Psychoanalyse darin sieht, dass sich in ihr, wie überall sonst üblich, Wissenschaft von professioneller Praxis unterscheiden müsse (Buchholz 1999).

Über die Notwendigkeit der Konfrontation

Mit der Entdeckung der Wichtigkeit der Beziehung zwischen Analytiker und Patient und der Betonung der Feinabstimmung zwischen beiden droht nicht nur das Verschwinden der Radikalität der psychoanalytischen Deutung, sondern auch die Abnahme der Einsicht, einen Patienten – wenn notwendig – konfrontieren zu müssen. Ich bin der Auffassung, dass Analytiker sich mit der Vermeidung von eventuell notwendiger Konfrontation selbst am meisten schonen, dem Patienten aber Unrecht tun.

In neuerer Zeit hat vor allem Otto Kernberg, bekannter New Yorker Analytiker, gezeigt, dass es Störungen gibt, die ohne Konfrontation nicht zu beheben sind. In seinem Buch *Wut und Hass* (1997) nennt er Beispiele schwerer narzisstischer Störungen, denen mit heilender Liebe alleine kaum beizukommen sein wird. Anders gesagt, die Empathie und die Zuneigung, die ein Analytiker gegenüber seinem Patienten empfindet, darf kein Hindernis sein, notwendig werdende Korrekturen auszusprechen. Freilich stellen Menschen mit einer schweren Persönlichkeitsstörung in psychoanalytischen Praxen eine Minderheit dar.

So gehören etwa Sexualstraftäter manchmal zur Klientel von Psychoanalytikern. Wenn überhaupt, kann ihnen nur geholfen werden, wenn sie mit ihren Taten konfrontiert werden. Aber auch bei »ganz normalen« psychischen Störungen ist es wichtig zu konfrontieren. Denn wie gezeigt wurde, ist eine Analyse mehr als Wohlbehagen in der sicheren Bindung einer anderen Person. So haben sich viele Patienten oft über Jahre und Jahrzehnte eine Fassade zugelegt, die sie der Umwelt anbieten, die aber nicht ihrem tatsächlichen Lebensgefühl und ihrer Empfindung entspricht. Hinter einer Fassade von Tüchtigkeit, Verlässlichkeit, Kenntnissen, möglicherweise sogar Erfolg, breitet sich immer mehr Leere, Trauer, Angst, Leiden an alltäglichen Situationen aus. Wenn solche Menschen zum Analytiker kommen, zeigen sie ihm die gleiche Fassade wie allen anderen Menschen. Diese kann so undurchdringlich sein, dass sie niemand mehr bemerkt. Dann muss der Analytiker den betreffenden Patienten mit dieser »doppelten Buchführung« konfrontieren, anders hat der Betreffende keine Heilungschance.

7. Kapitel

Psychoanalyse und Sexualität

Die Psychoanalyse ist nicht schwarz oder rot,
sondern fleischfarben.

Sigmund Freud

Das liebevollste Verständnis für den Patienten sollte die Sexualität nicht vergessen

Im Rahmen der Verschiebung der therapeutischen Schwerpunkte von der Triebtheorie zur intersubjektiven Beziehungstheorie gibt es in der Psychoanalyse eine Tendenz, den Stellenwert der Sexualität im Leben eines Menschen zu vernachlässigen. So richtig es ist, dass Zuneigung, Verstehen, Beziehung, Anteilnahme und Empathie Grundwerte im psychoanalytischen Prozess darstellen, die die Heilung eines Patienten begünstigen, so falsch ist es, des Menschen Bestimmtheit durch Sexualität zu leugnen. Die Psychoanalyse würde verflachen und könnte nicht mehr beschreiben, was sie seit 100 Jahren auszeichnet: das Zusammentreffen der größten Schöpfungen mit den niedrigsten Verbrechen; die Skala des Menschseins vom Heiligen bis zum Verworfenen. Denn diese können nur verstanden werden, wenn man die Fähigkeiten des Menschen sieht, sich entscheiden zu können zwischen Gutem, weniger Gutem und dem Verbrechen. Das gilt auch und gerade für Patienten. Hierzu konnten bisher auch die Hirnforscher nichts Neues beitragen. Sie überschreiten ihre Kompetenzen, wenn sie meinen, die erreichten Ergebnisse legten eine Sicht der Dinge nahe, den »freien Willen« des Menschen zu negieren.

Selbstverständlich bringen Patienten sehr unterschiedliche sexuelle Bereitschaften und Probleme mit in die Therapie. Über den zentralen Stellenwert der Sexualität im Leben eines Menschen dürfte aber Einigkeit bestehen.

Die Menschheit teilt sich in Männer und Frauen. In seiner Banalität enthält dieser Satz alle Sprengkraft des Sexuellen. Über die Sexualität und das Sexuelle[3] im Menschen zerbricht sich die Menschheit den Kopf, seit sie denken, das Gedachte erzählen, aufschreiben und damit an die nächste Generation überliefern kann.

Die Psychoanalyse war Ende des 19. Jahrhunderts die erste *Wissenschaft*, die die Gesetzmäßigkeiten, die Entwicklung und die Bedeutung der Sexualität im menschlichen Leben und, bei Störungen in ihrer Entwicklung, ihre Neurosen auslösende Funktion untersuchte.[4]

Von Beginn des Lebens an spielt die Entwicklung der Sexualität eine entscheidende Rolle. Im Verlauf der kindlichen Entwicklung kann man diese umso besser wahrnehmen, je störungsfreier die Nähe zu Bezugspersonen, Spielräume, Hautkontakt, Pflegebedürfnis, Spiegelung und Selbstentwicklung sich entfalten durften. Gab es in einem oder gar in mehreren dieser Bereiche ernstere Störungen, so entwickelt sich mit ziemlicher Sicherheit auch eine gestörte Sexualität.

In der Literatur legte die Menschheit über den Stellenwert der Liebe und Sexualität im Laufe ihres irdischen Lebens Zeugnis ab. Ihren ersten Höhepunkt fand sie im *Lied des Salomon*, das im Alten Testament nachzulesen ist. Die Liebeslyrik des Alten Testamentes ist von großer Schönheit. Die gegenseitige Bewunderung von Mann und Frau, Bräutigam und Braut, findet in den folgenden Versen ihren Ausdruck:

> Schön bist du, meine Freundin, ja schön; deine Augen blicken wie Tauben hinter deinem Schleier hervor ... wie ein Streifen von Scharlach sind deine Lippen, und lieblich ist dein Plaudermund. Wie ein Granatapfelstück erstrahlt deine Schläfe hinter deinem Schleier hervor. Alles an dir ist schön, meine Freundin, und kein Makel haftet dir an.

Und ihre Bewunderung für ihn:

---

[3] Vgl. zur Unterscheidung des Sexuellen und der Sexualität: Foucault, *Sexualität und Wahrheit, Erster und Zweiter Band*, Frankfurt a. M. 1974 (Suhrkamp)

[4] Am Ende des 19. Jahrhunderts entstanden allerdings auch zahlreiche klassifizierende, aufzählende sexualwissenschaftliche Werke, so von Havelock Ellis, von Richard Krafft-Ebing und anderen. Sie sind einerseits der Beweis, dass die »Zeit reif« war für einen sogenannten Paradigmenwechsel in der Auffassung menschlicher Sexualität. Anderseits stellten sie keine umfassende *Theorie* des Sexuellen dar wie die Freudsche Psychoanalyse.

> Mein Geliebter strahlt weißlich und rosa, ist unter Tausenden zu erkennen. Sein Haupt ist gediegenes Gold, seine Locken sind Dattelrispen, wie die Raben so schwarz.... eine Elfenbeinplatte ist sein Leib, bedeckt mit Saphiren. Seine Schenkel sind Marmorsäulen, gestellt auf Sockeln von Feingold... Süßigkeit ist sein Gaumen, seine ganze Person lauter Lust ... (Das Hohelied, Bibel, S. 631f)

Der Ausdruck der Liebe ändert sich in der Zeit, der Gehalt bleibt. Über Romeo und Julia, Laura und Petrarca, Dante und Beatrice bis hin zur Moderne ist die Liebe zwischen Mann und Frau Anreiz zum Gedicht, zum Roman, zum Gebet, zum Song:

> *Morgens und abends zu lesen*
>
> Der, den ich liebe
> Hat mir gesagt
> Daß er mich braucht
> Darum gebe ich auf mich acht
> Sehe auf meinen Weg und
> Fürchte von jedem Regentropfen
> Daß er mich ihm erschlagen könnte.
> (Bertolt Brecht, Liebesgedichte, 2002, S. 94)

Vor jeder kulturell überformten und künstlerisch bearbeiteten Liebe scheint das *vorkulturelle, unbearbeitete Sexuelle der Kern menschlichen Seins* zu sein. Der Säugling liebt anders als das Kleinkind, aber er liebt bzw. erlebt Vorformen menschlicher Liebe, bald nachdem er sein erstes Objekt, die Mutter, erkennen kann. Es ist noch eine narzisstische Liebe, die auf dem Bedürfnis beruht, auf das Objekt, wie es in der herzlosen Sprache der Psychoanalyse heißt, existentiell angewiesen zu sein.

Er oder sie bleibt dabei: von der Wiege bis zur Bahre. Alte Männer, impotent geworden und ohne befriedigende emotionale Bindung, begehen aus diesem Grund häufig Selbstmord, ohne dass jemand das Motiv jemals erfahren müsste. Frauen können gar nicht so alt werden, als dass sie nicht mit ihren Geschlechtsgenossinnen um die Schönheit konkurrieren würden. Schneewittchens Stiefmutter ist nur eine der Millionen Frauen, die schöner sein wollten als ihre Töchter.

Und zentriert sich nicht auch der von Ardjomandi (2003) beschriebene, besonders ausgeprägte orientalische Ödipuskomplex in letzter Instanz um den absoluten Besitz der Frauen? Die Unterdrückung der Frauen in der Männerreligion der Muslime ist ein spezifischer kultureller Ausdruck des männlichen archaischen *ungebremsten Besitzen-Wollens* der Frau, ihrer Schönheit, ihres Körpers, die niemand anderer sehen darf als der legalisierte Besitzer in Gestalt des Ehemanns (oder auch des Vaters und des ihn stellvertretenden Bruders).

Arabische Männer, argwöhnend und dies in ein Sprichwort kleidend, dass Allah der Frau »von zehn Teilen der Lust« neun, dem Manne »aber nur einen« gegönnt habe,[5] sind meist zärtlich zu ihrem unhinterfragten weiblichen Besitz, den bedrohten Besitz aber (den real wie den in der Phantasie bedrohten) verfolgen sie gnadenlos.

In westlichen Kulturen zeigen sich diese Tatbestände subtiler, sie sind aber nicht verschwunden oder unwirksam. Die Konkurrenz zwischen Männern um den Besitz der Frauen, möglichst vieler, möglichst schöner Frauen scheint zuweilen den Alltag zu bestimmen, bewusst und unbewusst, beim Verkäufer im Basar ebenso wie im Alltag des Technikers, in der Schule ebenso wie in den Labors und sogar in den einsamen Türmen der Wissenschaftler.

Die psychoanalytische Auffassung von Sexualität

Die Macht des Sexuellen im Leben und in der Entwicklung des Menschen einschließlich der mit ihr verbundenen Anfälligkeit für die Bildung von Neurosen hat Sigmund Freud nicht als erster und einziger der Nachdenklichen herausgearbeitet, aber er hat als erster eine Theorie des bewussten wie des unbewussten Sexuallebens entworfen und auf dieser Grundlage eine Therapie zur Heilung der durch die Sexualität ausgelösten Störungen empfohlen. Freuds psychoanalytisches Werk ist durchdrungen von der Überzeugung, dass das Sexuelle und die Sexualität und damit das menschliche Triebleben und dessen psychodynamische Organisation das entscheidende Moment im Leben des Menschen darstellen.

---

5 Vor dem 19. Jahrhundert war dies auch die vorherrschende Auffassung in Europa. Dass der weibliche Geschlechtstrieb als mächtiger eingeschätzt wurde als der männliche, dafür zitiert der englische Sexualforscher Havelock Ellis »den griechischen Mythos vom Seher Tiresias, der von Hera mit Blindheit geschlagen wurde, weil er das Geheimnis der Frauen verriet, laut dem der weibliche Geschlechtstrieb ›neunmal höher‹ sei als der des Mannes« (von Braun, 2005).
Warum die Umkehrung im 19. Jahrhunderts stattfand, z. B. der Wiener Sexualforscher Krafft-Ebing, Sigmund Freud und die Avantgarde der Wiener Kunstszene dem Mann die stärkere Sexualität zubilligten, ist weitgehend unerforscht.

Beginnend mit seinen *Studien über Hysterie*, die er zusammen mit seinem Freund und Förderer Josef Breuer schrieb, über *Die Traumdeutung* bis zu den *Drei Abhandlungen zur Sexualtheorie*, seinen liebsten Büchern, wie er seinem Biographen Ernest Jones gestand, verfasste er lebenslang seine Arbeiten *unter dem Primat des Sexuellen*. Er machte später sogar die *Anerkennung der Existenz kindlicher Sexualität zum Kriterium dafür, ob jemand sich als »Psychoanalytiker« bezeichnen dürfe oder nicht*. Heute ist diese Anerkennung längst Geschichte und, wie von ihm vorausgesagt, zu selbstverständlichem Alltagswissen geworden.

Die Position vom Primat des Sexuellen im Zentrum der Persönlichkeitsentwicklung sowie ihr Stellenwert im Hinblick auf die Verursachung von neurotischen Störungen ist allerdings umstritten.

Sigmund Freud fand die Grundidee seiner Arbeit im nach damaligen Maßstäben als empirisch zu bezeichnenden Studium der Hysterien. Zunächst war er im Rahmen seiner therapeutischen Arbeit davon überzeugt, dass alle Hysterikerinnen ihm in seinem Praxisalltag die Wahrheit erzählten, wenn sie ihm anvertrauten, sie seien von ihrem Vater oder einer anderen männlichen Bezugsperson verführt worden. (Auch heute gibt es manchmal Schwierigkeiten, die Phantasie der Verführung von der real stattgefundenen zu unterscheiden.)

Die Auffassung Freuds, eine reale Verführung des Kindes durch einen Erwachsenen sei die Ursache der hysterischen Erkrankung, wurde als seine »Traumatheorie« bezeichnet. Später fand er heraus – und eben dies war der Beginn der *Entdeckung der kindlichen Sexualität* –, dass seine Patienten häufig nicht zwischen Wunsch und Realität, Triebwunsch und Triebangst unterscheiden konnten. Sie verwechselten Realität und Phantasie, eine Tatsache, die Freud schließlich dazu brachte, die *Existenz eines unbewussten Seelenlebens und die Existenz frühkindlich bereits wirksamer aktiver eigener sexueller Strebungen anzuerkennen*.

Aufgrund dieser Einsicht Freuds und der damit verbundenen Weiterentwicklung seiner Theorie und Behandlungstechnik wurde später von manchen Autoren die fragwürdige These gebastelt, Freud habe die »Verführungstheorie aufgegeben«.

Freud hat jedoch die Verführungstheorie nicht aufgegeben. Noch im Alter von 70 Jahren, als er die später nicht zuletzt wegen der Rettung Freuds vor den Nationalsozialisten bekannt gewordene Marie Bonaparte analysierte, rekonstruierte er die Liebesaffaire zwischen der Amme der kleinen Marie und einem Kammerdiener. Die Gewalttätigkeit der Liebesaffaire in den Augen der zweijährigen Marie machte er dafür verantwortlich, dass Marie lebenslang anorgastisch blieb (Bertin 1998). Nach Freuds Auffassung hatte eine traumatische Erfahrung des Kleinkindes eine Triebentwicklung in Gang gesetzt, die lebenslang gehemmt blieb. Trieb und Trauma gingen hier eine lebenslang wirksame Verbindung ein, die krank machenden Charakter hatte.

Zur bereits bestehenden Traumatheorie kam also die Triebtheorie hinzu, letztere ersetzte keineswegs die erste. Freud relativierte aber seine eigene einseitige Sicht der Dinge, indem er langsam und unter großen persönlichen Skrupeln verstand, dass seine Patienten nicht immer sagten, was sie wussten, und nicht immer wussten, was sie sagten. Ihr *unbewusstes Triebleben* hinderte sie daran.

Spätere Versuche, Revisionen vorzunehmen, standen als eher unverbundene Elemente neben der ursprünglich von Freud entfalteten Triebtheorie. So wird etwa in jüngster Zeit versucht, die klassische Triebtheorie mit der von Bowlby entwickelten Bindungstheorie zu verknüpfen, in dem von der Existenz eines »Bindungstriebs« ausgegangen wird (Golse 2005). Dieser Ansatz kann als weiterer Beitrag zu einer Synthese bestehender theoretischer Einzelstücke der Psychoanalyse gewertet werden. Denn die erst nach Freud entstandene Ich-Psychologie, die Narzissmusforschung, aus der die Selbstpsychologie hervorging, die Objektbeziehungstheorie und die Bindungstheorie stehen nach der hier vertretenen Auffassung quasi auf dem Kopf, wenn ihnen die triebtheoretische Fundierung fehlt.

Die Vorteile der Ich-Psychologie, der Selbstpsychologie, der Bindungstheorie und schließlich der heutigen mehrheitlich interaktionell aufgefassten Objektbeziehungstheorie liegen auf der Hand: Das von Freud abgesteckte Terrain wurde erweitert und die inzwischen interaktionell formulierte Psychoanalyse findet breiten Eingang in die psychoanalytische Therapie.

Dennoch fasst die Psychoanalyse Sexuelles und Sexualität als Grundlage und Motiv für zahlreiche, vielleicht für die meisten Handlungen des Menschen auf. Von der Wiege bis zur Bahre bleiben wir sexuell empfindend; der erste Blick auf einen fremden Menschen ist ein nicht selten sexuell abschätzender, messender. Chancen werden abgesteckt, Meinungen gebildet, Konkurrenzsituationen blitzschnell vermessen. Keineswegs geschieht das immer bewusst. Die meisten der sexuell motivierten sozialen und emotionalen Reaktionen geschehen unbewusst (oder jedenfalls von Kultur zu Kultur in recht unterschiedlichem Ausmaß bewusst, vorbewusst und unbewusst). Auch vordergründig sexualfreie Handlungen und Tätigkeiten wie Büroarbeit, Produktion von Gütern, Wissenschaft, Kunst, Kulturforschung sind zuweilen eindeutig, manchmal nur vermittelt, sublimierte sexuelle Tätigkeiten. Auch in ihren Hemmungen und Sublimierungen ist die ursprünglich libidinöse Strebung noch spürbar.

Der Begriff der Sublimierung, also die Überführung einer ursprünglichen »Substanz« in einen anderen physikalischen Aggregatzustand, nimmt breiten Raum in der Triebtheorie Freuds ein. Sigmund Freud glaubte, dass alle Tätigkeiten des Menschen, auch die der Kunst und des Künstlers, ja alle Kulturerrungenschaften ursprünglich sexuellen Triebkräften ihr Dasein verdankten, die zielgehemmt und sublimiert würden. Dem steht die Erkenntnis der Humanethologen entgegen, die die *verselbständigte Neugier- und Explorationsaktivität des Menschen*, d. h. seine Lust zu forschen und zu entdecken, als eigenständigen Funktionskreis bezeichnet, der neben dem Funktionskreis der *Sexualität und der Fortpflanzung* existiere. Schon höhere Tierarten hätten die Fähigkeit, sobald sie genug gefressen und sich fortgepflanzt hätten, zu »spielen« und ihre Welt zu erkunden. Die Neugier- und Explorationsaktivität, bereits bei den höheren Tierarten angelegt, sei – im Gegensatz zum Funktionskreis der Sexualität und Fortpflanzung – die Grundlage für produktive Arbeit ebenso wie für Kunst und Wissenschaft (Holzkamp-Osterkamp 1975). Auch die Psychoanalytiker selbst nehmen inzwischen an, dass es sinnvoll ist, von mehr als zwei Triebrichtungen zu sprechen. Wie schon dargelegt, unterscheidet Joseph M. Lichtenberg fünf Motivationssysteme, die er als angeboren bezeichnet.

Das Konzept der Sublimierung hat in jedem Falle großen heuristischen Wert in der klinischen Einschätzung von Erkrankungen. Freud betrachtete die positive, die geglückte Sublimierung sexueller Triebkräfte als einen entwicklungspsychologisch günstigen Ausgang des Umgangs mit Sexualität. Misslingt die Sublimierung, also die Überführung von nicht gebundener Sexualität in ein anderes »Aggregat« (ähnlich wie Wasser in Dampf), wie sie Kreativität, Wissenschaft, Alltagsarbeit darstellen, dann sind die Wege in die Neurose oder die Perversion wahrscheinlich (Freud 1905).

Wie kann man sich dies vorstellen?

Unter Zuhilfenahme der psychoanalytischen Entwicklungspsychologie lässt sich das folgende Beispiel konstruieren: Ein Kind, ein Junge im Alter von vier Jahren, noch nicht ausgerüstet mit der Abwehrfähigkeit, d. h. auch den festen Ich-Grenzen eines Erwachsenen, ist aus welchen Gründen auch immer anhaltenden Verführungsversuchen seiner Mutter ausgesetzt. Diese kann sich zum Beispiel von ihrem Kind wegen Müdigkeit die Füße massieren, den Rücken eincremen lassen und dem Buben noch weitere quasi-sexuelle Handlungen gestatten. Diese Handlungen, von Seiten der Mutter mehr oder weniger aufgedrängt, erzwungen, erbeten, ersehnt, treffen auf den ödipalen Triebschub des kleinen Ich ebenso wie auf die primäre Liebesbereitschaft des Buben, der nicht gestützt wird von einem Vaterrivalen. Der Junge wird seiner Mutter den Gefallen tun wollen und wird, noch gefährlicher und sogar tragischer, vielleicht selbst Gefallen daran finden. Die Ich-Grenzen sind noch nicht gefestigt, die sexuellen Erregungen treffen das Kind mit ungleich größerer Wucht als einem Erwachsenen das je passieren kann. Zusätzlich kann der Junge kindliche Theorien und Phantasien über die Bedeutung sexueller Spiele bilden. So kann man von einer »Überflutung« des Kindes sprechen. Das Kind wird die sexuelle Überflutung nicht verarbeiten können, wird nicht in der Lage sein, sie in sein Ich zu integrieren. Es bleiben also, dem Kind unbewusst, große Mengen sexueller Energie nicht-integriert in der Persönlichkeit des Kindes haften (vgl. auch Ferenczi 1932).

Es ist nun möglich, nicht sicher, dass der erwachsene Junge eine Neurose oder wahrscheinlicher, eine Perversion entwickelt. *Die Sublimierung ist also nicht gelungen*. Denn diese gelingt umso eher, je mehr ein Kind die Zeit und die freien Valenzen hat, sich langsam und in Ruhe innerhalb eines geschützten Rahmens zu entwickeln. Die sexuellen Erregungen des ödipalen Alters (vier bis sechs Jahre) können dann in einer anschließenden Latenzzeit, in der es sich den Freuden der Welt und der unbelebten Objekte unter dem Schutz der primären Liebesobjekte (Eltern, Geschwister, Onkel und Tanten, Großeltern, Nachbarn etc.) nähern darf, verarbeitet werden. Der Erwerb des Wissens kann libidinös besetzt werden.[6]

An der Fähigkeit eines Menschen zu sublimieren kann man eventuell auch seine Fähigkeit, eine psychoanalytische Therapie durchzuhalten, ablesen, denn »die Kur soll in der Abstinenz stattfinden« (Freud). Damit meinte Freud, *dass Triebwünsche an den Therapeuten, die verständlicherweise im Rahmen einer psychoanalytischen Therapie auftreten, grundsätzlich nicht befriedigt werden*, der Patient also in gewissem Ausmaß zur Sublimierung fähig sein muss.

Auf Seiten des Analytikers, dessen sexuelle Abstinenz im analytischen Raum vorausgesetzt wird, ist die Haltung von frei schwebender Aufmerk-

---

6 Damit eröffnet sich auch eine Erklärung für Lernstörungen bei Kindern; meist, wenn nicht immer, liegen diesen tiefere Konflikte zwischen den Primärpersonen zugrunde, deren Verarbeitung dem Kind nicht gelingen.

samkeit geprägt, die durch nichts, auch nicht durch eine eventuell erotische Gegenübertragung, gestört werden soll. Sie ist das passende Gegenstück zur freien Assoziation des Patienten. Zusammen werden sie »Das Freudsche Paar« genannt (zuletzt Bollas 2005). Diese klinische Anordnung ermöglicht, dass der Analysand geschützt alle Phantasien, sein gesamtes Denken, Fühlen und Begehren, auch wenn es sich auf den Analytiker richtet, äußern kann, ohne dass er den Einbruch der Realität befürchten muss.

Die Übertragung, d. h. die Wahrnehmung gegenwärtiger Beziehungen durch die Brille früher und frühester Phantasien, Gefühle und ganzer Erlebnisinhalte mit vergangenen Liebesobjekten, ist eine zentrale Entdekkung Sigmund Freuds und eines der wichtigsten psychoanalytischen Instrumentarien in der klinischen Behandlung. Ihre exakte Wahrnehmung stellt ein wertvolles Instrument für das Verständnis des Patienten dar, ist aber dennoch auch Widerstand gegen eine psychoanalytische Behandlung, denn, indem beispielsweise eine alte Verliebtheit in den Vater, die Mutter, die Großmutter etc. statt erinnert, dem Analytiker gegenüber agiert, d. h. im Therapieraum »wie soeben entstanden«, ganz gegenwärtig, erlebt wird, widersetzt sich der Analysand unbewusst der Erinnerung an seine Liebe zum früheren Liebesobjekt und stört damit den therapeutischen Prozess insofern, als er immer wieder angeblich gegenwärtige Gefühle zelebriert, wo er längst vergangene erlebt. Gleiches gilt auch für die negative Übertragung, d. h. die Wiederbelebung von Wut- und Hassgefühlen gegen frühere Objekte, die im Hier und Jetzt des analytischen Raumes agiert werden.

Es kann aber auch sein, dass durch die Erfahrung mit einem liebevollen Analytiker alte Wunden heilen und neue Gefühle auftreten. Nicht alle Gefühle dürfen der Übertragung zugerechnet werden, nicht alle aufkeimenden Hoffnungen sind Neuauflagen der alten Gemüts- und Liebeslage. Im Einzelfall kann es sehr schwierig sein, Übertragungen des Patienten von neuen Erfahrungen zu unterscheiden. Besonders bei sehr gestörten, früh traumatisierten und arg misshandelten ehemaligen Kindern kann es sein, dass sie erste, vor allem anhaltend positive Erlebnisse mit verlässlicher Zuneigung und anhaltender Liebe im analytischen Raum erfahren. Der heilende Charakter dieser haltenden Beziehung im Hier und Jetzt des therapeutischen Möglichkeitsraums wurde schon ausführlich dargestellt.

Kurz, die Psychoanalyse Sigmund Freuds ist auch eine Wissenschaft über die grundlegende Bedeutung des Sexuellen im Leben des Menschen und ist im Kern Triebtheorie. Die moderne Psychoanalyse hat die Grundannahmen erweitert um die Bedeutung des Ich, des Selbst, der Bindung und der interaktionellen Beziehung zwischen Patient und Analytiker, die im Zentrum der psychoanalytischen Therapie steht.

Mit zunehmendem Alter hat Freud die aggressiven Triebbestrebungen des Menschen genauer ausgearbeitet bis hin zum Entwurf einer Todestriebtheorie. Letztere wird bis heute nur von einer Minderheit der Psychoanalytiker geteilt.

Liebe, Körper und Sigmund Freuds Liebesbriefe an seine Braut Martha

Merkwürdigerweise hat Freud wenig über »die Liebe« und »den Körper« geschrieben. Zuweilen hat man beim Lesen seines umfänglichen Werkes den Eindruck, als sei es lediglich der Trieb, der ihn interessierte. Dieser suche sich seine Wege, wobei diese Wege sich im Dunkel des »gewachsenen Felsens der Biologie« verlören, ihre Existenz letzten Endes nur an ihren »Abkömmlingen« zu sehen seien.

Versucht man, das verhältnismäßig seltene Vorkommen des Wortes »Liebe« in seinem von ihm selbst veröffentlichten Werk zu verstehen oder gar zu erklären, stößt man bald auf sein Wissenschaftsideal. Freud wollte Naturwissenschaftler sein, wollte die Psychoanalyse auch als Naturwissenschaft verstanden wissen. *Innerhalb der Naturwissenschaften aber wird das subjektive Gefühl des Verliebseins* in einen Menschen, den man sich bewusst/unbewusst aus allen anderen ausgewählt hat und den man lieben möchte bis an das eigene und dessen Lebensende (so die jüdisch-christlich geprägte westliche Kultur in ihrer normativen Formulierung) *zum Trieb, der sich sein Objekt sucht*. Das klingt äußerst nüchtern, ist es auch, der wissenschaftlichen Sprache Freuds entsprechend.

Wenn man aber Freuds Brautbriefe liest, hört sich das ganz anders an. In den *Brautbriefen* (1988), den Briefen an seine spätere Frau Martha Bernays, von Freud nicht für eine Veröffentlichung vorgesehen, lernt man die Liebesbereitschaft und -fähigkeit des jungen Freud kennen, die der des alten Freud (dann eher in sublimierter Form) nicht nachsteht.

So schrieb Sigmund Freud zum Beispiel am 19. Juni 1882, im Alter von 26 Jahren, kurz nach seiner Verlobung mit der damals 20-jährigen Martha:

> Mein teures, heiß geliebtes Mädchen,
> Ich wußte es, erst wenn Du entfernt sein wirst, würde mir der ganze Umfang meines Glückes und leider auch das Maß meiner Entbehrung zum Bewußtsein kommen. Ich kann es noch immer nicht fassen, hätte ich nicht das zierliche Kästchen und das süße Bild vor mir liegen, ich hielte es für einen gaukelnden Traum und fürchtete mich vor dem Erwachen ... Martha ist mein, das süße Mädchen, von dem alle mir mit Verehrung sprechen, das beim ersten Zusammensein trotz allen Sträubens meinen Sinn gefangennahm, um das ich zu werben mich fürchtete, und das im hochsinnigen Vertrauen mir entgegenkam, den Glauben an meinen eigenen Wert mir erhöht und neue Hoffnung und Arbeitskraft mir geschenkt hat, als ich ihrer am dringendsten bedurfte.
> (Freud 1988, S. 11).

Und am 9. September 1883, ein Jahr später, nicht weniger leidenschaftlich:

> Mein Liebchen,
> Sag doch nie mehr, daß Du kühl bist und das rechte Wort nicht findest, Du schreibst ja so unaussprechlich lieb, so ergreifend zärtlich, daß ich Dir gar nicht anders antworten könnte als durch einen langen Kuß und eine innige Umarmung...
> Marthi, mein süßer Schatz, unser Glück ruht endgültig in unserer Liebe, ich will nicht mehr als Du für uns willst, nicht aus Feigheit, sondern weil ich die Nichtigkeit aller anderen Wünsche im Vergleiche mit Deinem Besitz erkenne...
> (ebd., S. 48)

Etwas gewagt könnte man behaupten, die persönlichkeitsstrukturelle Grundlage der Freud'schen Triebtheorie sei sein jugendliches Talent zur Liebe gewesen, oder auch: die Psychoanalyse ist die durch Sublimierung entstandene Wissenschaft von der Liebe und ihren Begleitumständen. Zwar war Sigmund Freud äußerst skeptisch gegenüber allen Formen »nachholender Liebe« gegenüber Patienten, wie sie innerhalb des Kreises der frühen Psychoanalytiker vor allem von Sandor Ferenczi vorgeschlagen wurde. Aber in seinem privaten Umkreis führte er ein Leben, das sich der Liebe und ihrer Gefahren, ihrer Fußangeln und Selbstschüsse, sozusagen ihrer Verstrickungen und ihrer Köstlichkeiten sehr bewusst war. Er war der Meinung, dass Sexualität kein Kinderspiel sei, mit der ohne Gesetz verfahren werden könne. Seine strenge Auffassung bezüglich der monogamen Ehe ist sein Beitrag zur Anerkennung reifer Genitalität sowie ihrer persönlichen und gesellschaftlichen Vorteile. Freud war sich im Laufe seines Lebens in hohem Maße seiner hetero- wie seiner homosexuellen Neigungen bewusst: Die Bisexualität sei die Anlage in jedem Menschen, lernte er schon in jungen Jahren mit und von seinem Freund Wilhelm Fließ. Freilich stehe gewöhnlich am Ende der sexuellen Entwicklung der Primat der heterosexuellen Genitalität, und alle zuvor phantasierten, ausgeübten, geträumten Phantasien seien dieser untergeordnet. So war er sich auch bewusst, dass seine Zuneigung zu Wilhelm Fließ, zu C. G. Jung sowie zu Sandor Ferenczi einen Anteil homosexuell gerichteter Libido enthielt. Zweimal fiel er in Gegenwart von C. G. Jung in Ohnmacht; ein Zeichen seiner unbewussten Hingabe an den Freund, der vermutlich ähnlich empfand. Umso schmerzlicher musste Freud der Bruch zwischen den einstigen Freunden treffen.

Seine Unsicherheit bezüglich der Erforschung der weiblichen Sexualität, die er weniger verstand als die männliche, gestand er stets ein und empfahl, hierüber die Dichter zu befragen (Freud 1931). Die Beiträge der frühen Psychoanalytikerinnen unterstützte er vorbehaltlos, aus heutiger Sicht manchmal zu schnell, so z. B. Helene Deutschs Beitrag, die »wahre« Frau sei eine »anorgastische« Frau. Lou Andreas Salome, Freundin von Rilke, Nietzsche und anderen Dichtern, Künstlern, Wissenschaftlern und Philosophen, lehrte ihn in seinen späten Jahren, dass nicht nur die »Grammatik der Gefühle« bei Frauen attraktiv sei, eine Auffassung, die er in den *Brautbriefen* noch vertreten hatte.

»Die Anatomie ist das Schicksal«, formulierte Freud einst und hat damit zahlreiche protestierende Feministen auf den Plan gerufen. Der Satz ist dennoch gültig, nur sein Inhalt ändert sich ständig. Wie nämlich »die Anatomie« in welcher Kultur wie definiert ist, das hat Sigmund Freud nur für seine Zeit formulieren können. Es sind aber die historisch sehr verschiedenen kulturellen Inhalte, die das »Schicksal durch Anatomie« bestimmen.

Freud ging es um das Verständnis der psychischen Repräsentanz des Körperlichen, nicht um den Körper selbst. Die Psychoanalyse ist eher körperabstinent, dem viktorianischen Zeitalter entsprechend, in welchem sie entstand.

Warum die dauerhafte Liebe zwischen Mann und Frau immer schwerer fällt und die Beziehungen instabiler werden

Das monogame Liebesideal der jüdisch-christlich geprägten westlichen Welt, das eine Liebesverbindung favorisiert, »bis dass der Tod Euch scheidet«, ist in der gesellschaftlichen Realität der Postmoderne immer schwerer zu leben und fragwürdig geworden. Soziologen wie Ulrich Beck (1986, 1998) und Elisabeth Beck-Gernsheim (1998) haben hierfür Stichworte geprägt wie »Individualisierung«, »Risikogesellschaft«, »das alltägliche Chaos der Liebe«. Die gesellschaftlichen Grundlagen dieser Entwicklung sind sehr komplex und können in einem psychoanalytischen Rahmen nur benannt, nicht näher analysiert werden.

Zum einen ist der Prozess der Mobilisierung aller Arbeitskräfte im Dienst der Globalisierung ein verantwortlicher Faktor für die Individualisierung des Einzelnen, seine Herauslösung aus Gruppenzusammenhängen. Wo es immer schwieriger wird, seinen eigenen Standort zu bewahren, der von Kindheit an vertraut ist, sich aus diesem Umkreis seinen Mann/seine Frau zu suchen und eine Familie zu gründen, wird auch eine klare Identitätsentwicklung immer schwieriger. Damit wird es auch schwieriger, einen einzigen Lebenspartner für ein ganzes Leben zu suchen und zu finden. Die aufgrund wirtschaftlicher Globalisierung geforderte Mobilität ist einer stabilen Familiengründung und deren Erhalt nicht günstig. Freiheit im Dienste der Ökonomie ist das positiv besetzte Schlagwort, aber viele Einzelleben bleiben auf der Strecke. Sicherheit ist der Antagonist zur Freiheit, beide gemeinsam sind nicht immer zu haben. Beck hat mit seiner zentralen These der Individualisierung des Menschen in der westlichen Welt den Kern dieser gesellschaftlichen Umbrüche getroffen.

> Man nehme, was man will: Gott, Natur, Wahrheit, Wissenschaft, Technologie, Moral, Liebe, Ehe – die Moderne verwandelt alles in »riskante Freiheiten«. Alle Metaphysik, alle Transzendenz, alle Notwendigkeit und Sicherheit wird durch Artistik ersetzt. Wir werden – im Allgemeinsten und Privatesten – zu Artisten in der Zirkuskuppel: ratlos. Und viele stürzen ab. (Beck, Beck-Gernsheim 1998, S. 11)

Die von Alexander Kluge stammende Metapher der »Zirkuskuppel«, in der die Artisten ratlos sind, bedeutet in der Sprache der Psychoanalyse: narzisstisches Unglück.

Die Abgestürzten finden sich, wenn sie Glück und einen Rest an Vertrauen haben, in einer psychoanalytischen Praxis wieder. Zwar kann dort das individuelle Elend gemildert werden, die gesellschaftlichen und politischen Umstände aber nicht. In Zeiten der Globalisierung sind diesen Prozessen die Psychoanalytiker ebenso ausgeliefert wie alle anderen Menschen auch. Lediglich die Verpflichtung auf Wahrhaftigkeit, Professionalität und Authentizität verleiht im günstigen Falle die Fähigkeit, den Abgestürzten helfen zu können.

Der französische Schriftsteller Michel Houellebecq, offenbar selbst getroffen von den Bedingungen einer sich individualisierenden Welt, immer auf der Flucht vor Islamisten, die er beleidigt hat, beschreibt in seinem Buch *Elementarteilchen* (1998), das einen Siegeszug durch die Intellektuellenstuben der westlichen Welt angetreten hat, plastisch die rasant fortschreitende Verelendung der Seelen in Zeiten des gesellschaftlichen Wandels. Anders als ein der Realität verpflichteter Wissenschaftler kann er den Finger auf die tieferen Wunden legen. In einer psychisch arm gewordenen Welt, leer an Liebe, in einer Welt, in der allenfalls noch »einige wenige Frauen« bereit sind, etwas für Andere zu tun, nicht aber Männer, die nach seiner Auffassung egoistisch leben, monomanisch arbeiten, Champagner trinken, Sex haben (wenn auch unter größten Anstrengungen und mehrheitlich ohne psychische Beteiligung), gibt es schließlich keinen Ausweg mehr, als diese elende Rasse selbst abzuschaffen. Sie ist nur noch die Vorgängerin einer von der sexuellen Fortpflanzung befreiten neuen Rasse, die, glücklich geklont, die Konkurrenzkämpfe der früheren Menschheit um Sex und Frauen hinter sich lassen durfte.

Es scheint so, als ob Houellebecq tiefe Einblicke in das unglückliche Bewusstsein vor allem der Männer gelungen seien, wenn er in einer Art reduktionistischer Sicht deren Leben entweder auf das kümmerliche Dasein von »Sexmachines« oder von hoch begabten *workoholics* zurückschneidet, denen Sex gleichgültig ist und deren wissenschaftliche Begabung zu glückloser Tätigkeit an einem Computer führt. Die jeweiligen Protagonisten von Sex und Wissenschaft sind zwei negative Helden einer gespaltenen Welt, Michel und Bruno. Unglücklich sind sie beide, ihr Unglück können sie nicht mit einem Menschen teilen, der sie liebt oder den sie lieben würden. Der Roman spiegelt in seiner negativen Beschreibung des stets vom Absturz bedrohten modernen Lebens Teile der gegenwärtigen Welt wider, in der wir leben. Das Leben dümpelt dahin, umstellt von Computern, leistungsfähigen und dennoch immer erholungsbedürftigen und »erschöpften« Mitarbeitern, unterbrochen von schalen Festen mit schalen Sexeinlagen.

Der Dichter habe ein zum Unbewussten näheres Verhältnis als ein »normaler Mensch«, sagte Freud einst und hat wohl recht damit. Dichter und andere Künstler können ihr Unbewusstes öffnen für Wahrnehmungen, die andere Menschen abwehren müssen. Dies gilt ganz besonders im Hinblick auf das gesellschaftlich Unbewusste. Die literarische Beschreibung des individuellen menschlichen Elends in der globalisierten Welt kontrastiert erheblich mit der bewussten Welt des sogenannten europäischen Fortschritts. Sie zeigt etwas vom individuellen Unglück im liberalen Wirtschaftsglück, wobei letzteres auch nicht für alle gleichermaßen gilt, wie wir wissen, denn in Houellebecqs Welt der höheren und mittleren Angestellten handeln wirtschaftlich Privilegierte. Sie verelenden seelisch in einer nie gekannten Weise: Subsumiert unter traurige Alltagsroutine, sind sie schließlich unfähig, aus ihrer erschöpften Dauerdepression herauszufinden.

In jedem Patienten, der sich in einer psychotherapeutischen Praxis einfindet, ist manches Mal etwas von diesem namenlosen Elend zu spüren. Es ist auffällig, wie viel subjektive Verwirrung in den Köpfen der Generation der jetzt 35-40-Jährigen herrscht. Deren Verwirrung bezieht sich auf die Definition von Lebenszielen überhaupt, von Schwierigkeiten einer eindeutigen Identitätsfindung im Beruf sowie auf Schwierigkeiten bezüglich der Partnerwahl (oft ist nicht einmal klar, ob der Partner oder die Partnerin eine Frau oder ein Mann sein soll).

In einer solchen Welt ist es schwer, an Nachkommen zu denken, deren Zeugung und Geburt unbewusst an fest stehende Traditionsweitergaben gebunden ist. In einer »anomischen« Gesellschaft (Durkheim 1900), einer regel- und normlosen also, in der die Generation der kommenden Eltern nicht weiß, was sie weiter zu geben in der Lage sein soll, können keine Kinder geboren werden. Die Frage der sinkenden Geburtsraten in Europa hat somit mehr unbewusste Dimensionen als gemeinhin von Politikern verstanden und gesagt wird. Es ist verständlich, dass nur diejenigen, die zu wissen glauben, was sie von der Zukunft erwarten können, Kinder gebären.

Die Geburtenpyramide zeigt die Oberfläche des Problems, in den psychotherapeutischen Praxen lässt sich die Tiefendimension der Konflikte erst am Einzelfall studieren. In den Großstädten des Westens werden 30-50% der Ehen geschieden. Die Zahl der Eheschließungen geht absolut zurück. Deutschland hat mit 8,7 Geburten auf 1000 Einwohner die niedrigste Geburtenrate der Europäischen Union (Statist. Bundesamt 2004). Lediglich die Geburtenrate der muslimischen Bevölkerung in Europa beträgt weit mehr als die zur Reproduktion der Bevölkerung notwendigen zwei Kinder – ein Zeichen eines zu erwartenden gesellschaftlichen Wandels?

In der psychoanalytischen Arbeit der letzten Jahre ist mir kein einziger Patient begegnet, der keine sexuellen und/oder Partnerprobleme gehabt hätte. Da gibt es Singles, die sich gerne binden würden und aus Gründen früherer Erfahrung einerseits und derzeitiger Situation andererseits keinen geeigneten Partner finden. Da scheitern Ehen an Alltagsproblemen und der zunehmend geringeren Toleranz, diese zu ertragen. Da gibt es eheliche Kampfgemeinschaften, deren Beteiligte dabei sind, sich unbewusst bis zur gegenseitigen (unauffälligen) Tötung Leid zuzufügen.

Typisch für die neuere Zeit und deren sich individuell zeigenden Probleme ist die Zunahme der Singles, deren Leben und Lieben erfolgreich in den Medien vermarktet wird. Es liegt auf der Hand, dass Frauen, die genauso ihre Begabungen leben wollen, wie dies früher nur Männern erlaubt war und denen keine Hilfe bei der Regelung der Kinderfrage gewährt wird, den Kinderwunsch häufig so weit verschieben, dass es schließlich zu spät ist, welche zu bekommen. Zahlreiche Frauen, oft Anfang bis Mitte vierzig, kommen in meine Praxis, damit dort ein Wunder geschehe. Wie man sich vorstellen kann, geschehen diese Wunder eher selten.

Der französische Psychoanalytiker und Anthropologe Alain Ehrenberg spricht vom *erschöpften Selbst* (2004), das in unserer Zivilisation häufiger an Depressionen erkranke. Diese Bereitschaft, erst erschöpft und dann depressiv zu werden, verdankten Männer und Frauen den zahlreichen Möglichkeiten und vor allem Notwendigkeiten, sich andauernd zwischen verschiedenen Möglichkeiten »entscheiden« zu müssen, nach Regeln, die nicht genau definiert sind und deshalb in jeder gegebenen Lebenslage eine neue psychische Anstrengung erfordern. Des Menschen Fähigkeiten, sich zu entscheiden, sind aber begrenzt. Gesellschaftlich festgelegte Regeln und Normen bedeuten »Reduktion von Komplexität«, wie der Soziologe Niklas Luhmann das nannte. Wenn ich genau weiß, was ich in einer bestimmten Situation zu tun habe, erspare ich mir die Arbeit des Nachdenkens und Nachfühlens und tue einfach das, was alle Menschen meiner Kultur in dieser Situation tun würden, weil es so vorgeschrieben und so überliefert ist. Das spart seelischen Aufwand und entlastet die Psyche.

Wahrscheinlich trifft Frauen und Männer die relative Gesetzlosigkeit im Bereich der Partnerwahl unterschiedlich. Beide Geschlechter sind verunsichert, aber Männer scheinen es noch ein wenig mehr zu sein. Impotenz, allgemeine Lustlosigkeit, oberflächliche Promiskuität als »Ausweg« scheint vor allem in der Generation der 30- bis 39-Jährigen zuzunehmen.[7] Frauen scheinen in ihrer Mehrheit zunehmend progressive Ziele, nämlich eine Karriere oder auch »Selbstverwirklichung«, zu verfolgen, während Männer besonders von einem Absturz bedroht sind. Die Emanzipation der Frauen in der westlichen Welt und vor allem die aus den USA importierte »political correctness« sorgen dafür, dass ein Mann nicht weiß, ob er die Jahrtausende alte selbstverständliche Norm der aktiven Partnerwahl noch praktizieren darf. Ein Blick zuviel bringt ihm Tadel ein, eine Körperberührung den Ruf des »Grabschers«, eine Scheidung manchmal die Anklage des Missbrauchs seiner Töchter. Dass dies im Unbewussten auch »Kastration« bedeuten kann, liegt auf der Hand. Indessen wird der Softi nicht belohnt, die Frauen loben ihn offiziell, inoffiziell verachten sie ihn. Die Klage der Männer ist berechtigt. Manche reagieren mit Symptomen, die mir früher weniger begegnet zu sein scheinen: mit Ablehnung von Bindungen überhaupt, mit promisker und schließlich unfreiwillig abstinenter Lebensführung, die nicht glücklicher macht.

Frauen hingegen sehnen sich neben ihrer aktiven Lebensgestaltung oft nach Passivität, nach Sorgen und Schützen, dürfen dies aber nicht zugeben in einer Welt, die ihnen Aktivität und Karriere vorzuschreiben scheint. Beides gemeinsam ist schwer zu vereinen und gelingt nur den wenigsten.

Unter der Oberfläche von Verhaltensunsicherheiten zwischen den Geschlechtern liegt somit oft eine Schicht von Depression und Unglück, die weitere Erklärungen verlangt. Eine Ursache ist sicher die Nichtverarbeitung der kollektiven Katastrophen des 20. Jahrhunderts. Besonders in Deutschland findet man im Rahmen jeder Analyse Familientraumatisierungen, deren Herkunft gesellschaftlicher Natur ist. Die häufig emp-

---

[7] Dies sind Daten aus meiner Praxis, sie beanspruchen nicht, den Stellenwert einer repräsentativen Untersuchung zu haben.
Anders sieht es in der Generation der 20- bis 29-Jährigen aus; hier gibt es eine scharfe Trennung zwischen denen, die die Zeichen der Zeit verstanden zu haben scheinen und enorm ehrgeizig sind, eher konservativ und potentiell auch wieder kinderfreundlich, während gleichzeitig eine große Menge dieser Spätjugendlichen einfach auf der Strecke bleibt, in der Berufsausbildung, der Schule, der Universität versagt und psychisch krank wird.

fundene Sinnlosigkeit des Lebens als Grundlage eines depressiven Weltbildes und die in diesem Zusammenhang mit allen möglichen Argumenten rationalisierte Kinderlosigkeit findet hier vielleicht auch eine Erklärung.

Gleichzeitig ist die Liberalisierung der Sexualität – nicht zuletzt durch die Breitenwirkung der Psychoanalyse – weit fort geschritten, wird die Partnerwahl sehr lange aufgeschoben. Immer könnte sich noch jemand Besserer finden. Der Austausch von Partnern ist so leicht, dass es schlicht nicht nötig ist, sich zu früh den eher weniger beliebten Folgen einer Bindung zu unterwerfen – Verantwortung zu übernehmen, ein Kind aufzuziehen, abends eher zu Hause zu bleiben, wenn ein Kleinkind das erfordert.

Kurz, die Fragen an die Psychoanalyse in den modernen Zeiten der Lebens- und der Liebesunfähigkeit lauten zwar im Vergleich mit jenen des 19. Jahrhunderts anders, sind aber ähnlich in ihrer Dringlichkeit, denn viele Bürger sind sexuell nicht viel glücklicher, als sie dies zu Zeiten Sigmund Freuds waren.

8. Kapitel

Welche Erkrankungen heilt die Psychoanalyse?

> Weil das Hirn lebenslang ... durch Erfahrung geprägt wird, kann eine therapeutische Beziehung ganz neue Erfahrungen ermöglichen und mentale Prozesse aktivieren, die zuvor unbekannt, eingefroren oder tief begraben waren.
>
> *Vivian Green*

Die Psychoanalyse ist die am längsten existierende, am besten bewährte und am erfolgreichsten arbeitende Psychotherapie, die uns zur Verfügung steht. Es gibt sie seit mehr als 100 Jahren. Sie wurde ständig verbessert und modernen Erfordernissen angepasst; und sie arbeitet immer noch mit den Mitteln der freien Assoziation, mit der Deutung der Übertragung und des Widerstands, mit der Beachtung der Gegenübertragung des Analytikers und, nicht zuletzt, mit der Spiegelung und Bestätigung des Selbst des Patienten durch den Therapeuten. Neu hinzugekommen sind in den letzten Jahren nicht nur die überraschenden Entdeckungen der Hirnforschung, die die Psychoanalyse bestätigen, sondern auch die Konzentration auf den intersubjektiven Austausch zwischen Analytiker und Patient, auf die fördernde Beziehung zwischen beiden sowie auf die kleinsten Zeiteinheiten, die im Begriff des »Gegenwartsmoments« (Stern 2005) die Veränderung des Patienten in der Echtzeit beschreiben.

Prinzipiell kann die Psychoanalyse mit allen seelischen Erkrankungen und Störungen arbeiten. Weil die Psychoanalyse kein Symptom aus seinem Zusammenhang reißt, sondern den Menschen in seiner Gesamtheit behandelt, ist es auch nicht wichtig, wenn ein Patient, der sich zum Erstgespräch anmeldet, gar nicht weiß, welche Erkrankung ihn genau quält. Es genügt, wenn es ihm längere Zeit aus unerklärlichen Gründen nicht gut geht.

Für die Psychoanalyse ist nicht das Symptom die eigentlich aufschlussreiche Größe, sondern das, was hinter dem Symptom zu finden ist. Für manche Patienten ist dies zunächst irritierend, weil sie eine Therapie beginnen möchten, um ein Symptom loszuwerden. Für die Psychoanalyse ist aber »das Symptom nicht das Eigentliche, das Symptom hat einen

Sinn, eine Bedeutung, das Symptom bringt etwas zum Ausdruck, das Symptom wird durch etwas aufrecht erhalten; ... das Dahinterliegende ist schwer zugänglich, es ist unbewusst« (Rudolf 2000, S. 129).

Im folgenden werden einige Symptomkomplexe aus Gründen der Klarheit getrennt voneinander dargestellt, obgleich sie bei einem Menschen auch zusammen auftreten können.

Volkskrankheit Depression

> Laut WHO (Weltgesundheitsbehörde, S.E.T.) leiden zur Zeit über 300 Millionen Menschen an Depressionen. In Deutschland sind dies 2,8 Millionen Männer und fünf Millionen Frauen, d. h. mehr als bei irgendeiner anderen psychischen Erkrankung. (Leuzinger-Bohleber 2005)

Depressive Störungen gehören zu den häufigsten psychischen Erkrankungen, insofern ist die Bezeichnung »Volkskrankheit« berechtigt.

Unter Depressionen wird eine große Skala von Störungen verstanden, welche von leicht, mittelschwer bis sehr schwer variieren können. Depressionen sind ein Symptom, das im psychoanalytischen Verständnis das (vorläufige) Ende einer langen Entwicklung darstellt, die von frühkindlichen Störungen bis zu gegenwärtigen mangelhaften Bewältigungsformen von Lebensaufgaben reichen kann.

Die moderne Psychoanalyse geht übereinstimmend von einer bei Depressionen häufig, wenn nicht immer, vorliegenden *Grundstörung* eines Patienten aus: dem depressiven Konfliktgeschehen. Dieses entsteht in den frühesten Lebensmonaten und -jahren dadurch, dass der Säugling unvollkommen von seiner Mutter, meist dem ersten Liebesobjekt, versorgt wurde. Man kann nur loslassen, was man besessen hat – so wird sich die Trennung vom Objekt besonders dann schwer gestalten, wenn Selbst und Objekt zuvor eine nicht gelungene oder gestörte Zweisamkeit erlebten.

Wenn die Mutter bei der Geburt stirbt und durch eine andere Person ersetzt werden muss, wenn sie depressiv ist, den Tod eines nahen geliebten Menschen erlebt, wenn sie Alkoholikerin ist oder eine Unfähigkeit zu früher Bemutterung aufgrund von Traumatisierung aufweist – sehr unterschiedliche Voraussetzungen können im Endergebnis ähnlich aussehen. Das Selbst des heranwachsenden Kindes wird durch unvollständige Zuwendung darben und in die nächste Entwicklungsphase mit einem Mangel an frühem Selbstwertgefühl gehen. Dieser frühe Mangel verursacht den depressiven Konflikt.

Die Inhalte der Depressionen können sehr unterschiedlich sein; sie enthalten Vorstellungen von Nutz- und Wertlosigkeit des Lebens und der eigenen Person, also auch des Selbst. Sie können einen Verarmungswahn enthalten. Sie beinhalten den Verlust des Interesses an anderen Menschen, Libidoverlust, sexuelle Interesselosigkeit, die Unfähigkeit, sich für irgendetwas zu interessieren und zu engagieren. Das Ende der Skala können wahnhafte Verkennungen der Realität insofern darstellen, als der davon Betroffene meinen kann, er sei bereits gestorben, in der Hölle, erlebe eine totale »Seelenfinsternis«.

»Das Gefühl der Gefühllosigkeit« beschreibt den Verlust von Emotionalität, der für die Depression charakteristisch ist. Bereits anhaltend schlechte Laune oder schlechte Gefühle (Schafer 2003) können ein Hinweis auf depressive Verstimmungen sein.

> (Das) zu früh verlassene oder zu wenig geförderte oder unvollständig vom Objekt gelöste Selbst ... (erlebt sich) als leer, unlebendig, unwert; es ersehnt Geborgenheit, Fülle, Sicherheit, Sättigung, Lebendigkeit, Selbstwert durch die Nähe des wichtigen Objektes. (Rudolf 2000, S. 150)

Neben der anhaltenden Sehnsucht nach dem Objekt, der Person, die alles dies erfüllen soll, gibt es aber auch wütenden Hass gegen das enttäuschende Objekt. Schließlich werden

> beim erwachsenen Menschen ... diese auf eine frühe Erlebniswelt bezogenen Bedürfnisse auf vielfältige Weise abgewehrt. Die Art der Abwehr und das Gemisch von depressiver Objektsuche und Objektenttäuschung bestimmen das spätere klinische Bild. (Rudolf 2000, ebd.)

Rudolf sieht eine noch frühere Stufe des depressiven Grundkonfliktes in der noch nicht vollzogenen Trennung von Selbst und Objekt (Säugling und Mutter): Dann erlebt sich das ehemalige Kind, das nicht gefördert, geliebt, gespiegelt wurde und der sich aus diesem Säugling entwickelnde spätere Erwachsene als

> schutzlos, verletzlich, ausgeliefert, bedroht, erregt, verwirrt; es ersehnt das frühere Objekt in seiner medialen Gestalt, d. h ... atmosphärisch; es will dort Ruhe finden, sich sicher fühlen, körperlich entspannt, Unlust und Schmerzen an das starke beruhigende Objekt abgeben können, Harmonie erleben. (ebd.)

Die »frühe Verzweiflung und Erregung ... (bleiben) ... in unbewussten Erinnerungsspuren erhalten« (ebd.). In diesen Fällen bestimmt später die Mischung von objektbezogener Sehnsucht und auf das Objekt gerichtete

Verzweiflung das klinische Bild des Erwachsenen. Jedem Analytiker ist das hieraus resultierende Bild eines ständigen Hin und Her von Wut, Verzweiflung, Liebe, Leidenschaft, das sich auch in der Übertragung zeigt, bekannt.

Die familiäre Erfahrung eines später Depressiven enthält nach der empirischen Untersuchung von Söldner häufig die folgenden Elemente: Nicht-erwünscht-Sein, die Mutter war kühl, lieblos, zurückweisend, Nicht-Interesse und Nicht-Beschäftigung mit dem Kind, mangelndes Verständnis für das Kind; die Mutter hat keine Zeit für das Kind, Vater hat keine Zeit, versteht Kummer und Sorgen des Kindes nicht, schlechte Ehe der Eltern, keine Zärtlichkeit im Austausch mit den Eltern, keine Anerkennung weder von Vater oder Mutter (vgl. Söldner, zit. nach Rudolf, S. 151).

Allerdings gibt es große Unterschiede in der Verarbeitung eines in der frühen Kindheit ausgebildeten depressiven Grundkonfliktes, denn die spätere Lebensgestaltung ist von sehr vielen Faktoren abhängig. Die Eltern können frühere Fehler verstehen und versuchen, sie wieder gut zu machen. Das ehemalige Kind kann so viel angeborene Vitalität haben, dass es frühe Versagungen gut kompensieren kann. Talente und günstige Umstände können das Leben erleichtern. Es kann aber auch sein, dass weitere multiple Traumen es unmöglich machen, aus der frühen Grundstörung herauszufinden.

Sigmund Freud fand bereits heraus, dass sich kaum Prognosen über das Schicksal eines Menschen formulieren lassen. Zu komplex sind die Faktoren, die ein Leben bestimmen. Erst im Nachhinein lässt sich ein Krankheitsverlauf rekonstruieren. In neueren Studien zur Wirksamkeit psychotherapeutischer Behandlungsmethoden zeigt sich, dass nicht Kurztherapien und medikamentöse Behandlung, *sondern hoch frequente, über einen längeren Zeitrum reichende psychoanalytische Therapien helfen, Depressionen zu lindern und, vor allem, eine anhaltende Besserung zu erzielen.* Auch die besonders bei depressiven Erkrankungen häufige Chronifizierung kann damit am besten verhindert werden (Leuzinger-Bohleber 2005).

Die referierten Daten können dies gut erklären. Wenn der Grundkonflikt des Depressiven ist, in der frühen Kindheit kein genügend gutes, spiegelndes, besänftigendes Objekt gehabt zu haben, und er daher im Erwachsenenalter unbewusst nach einem verlässlichen und guten Objekt sucht, dann ist eine lang anhaltende Therapie bei einem geduldigen, mit jeder Spielart des Handelns, mit Wut und mit Liebe vertrauten Analytikers, der emotional zur Verfügung stehen kann, die Methode der Wahl. Oben wurden die heilenden Faktoren einer Psychoanalyse dargestellt. Denn nicht die bloße Symptomatik, sondern die Grundstörung soll gemildert werden. Das Kurieren an Symptomen führt zu Rückfällen. Die tieferen Versagungen, Verluste und Konflikte sollen gefunden, verstanden, durchgearbeitet und gelindert werden.

Angst und Panikattacken

Ängste und Panikattacken sind so häufig, dass auch sie zu den »Volkskrankheiten« gezählt werden können. Sie können alleine vorkommen, im Rahmen einer depressiven Erkrankung, einer Borderline-Störung, einer Psychose, einer exogenen Intoxikation, z. B. durch Medikamente, aber auch als »klassische« Angstneurose. Kurz, auch die Behandlung von Ängsten und Panikattacken verlangen stets die Untersuchung des gesamten Kontextes, dem sie sich verdanken.

Betrachtet man von Seiten des Patienten die Angst, so fühlt sich dieser ihr deshalb so hilflos ausgeliefert, weil Angst sich schrecklich anfühlt, völlig überraschend auftreten kann und oft für eine organisch verursachte Herzattacke, einen Kreislaufzusammenbruch, eine unerklärliche Schwäche und ähnliches gehalten wird. Deshalb werden zunächst der Hausarzt oder der Internist aufgesucht, die beide eher selten auf die Diagnose einer Angstneurose vorbereitet sind. In den meisten mir bekannten Fällen werden teure differentialdiagnostische Abklärungen vorgenommen, die kein Ergebnis bringen. So erfüllen diese Patienten, mehr noch als die Depressiven, die alten Worte Freuds: Sie laufen »unerlöst« von einem Arzt zum anderen, wie vor hundert Jahren. Aufgeschlossene Ärzte überweisen ihre Angstpatienten bald an einen Psychotherapeuten; aber sie bilden immer noch die Ausnahme.

Es gibt bekannte Auslöser für Angstanfälle, beispielsweise den so genannten »anniversaire«, den Geburtstag eines Ereignisses oder Erlebnisses, das unbewusst und verdrängt, den erwachsenen Menschen einholt, obgleich sich dieser längst in einer ruhigen Lebensphase befindet und keinen Grund hätte, Angst zu haben.

Zwei Beispiele seien erzählt: Eine dreißigjährige Mutter zweier Kinder, neun und zehn Jahre alt, erleidet eines Tages und völlig unerwartet einen schweren Angstanfall. Der Inhalt der Angst ist die Befürchtung zu sterben: am Herzinfarkt, an einem Unfall, an einer unklaren Krebserkrankung. Schon das analytische Erstgespräch ergibt, dass die Mutter der Kinder selbst ihre Mutter verloren hatte, als sie zehn Jahre alt war. Der Tod der Mutter ist bewusst, die aktuelle Angst ebenfalls. Unbewusst ist der Zusammenhang zwischen dem akuten Angstanfall und der Identifikation der Mutter mit der eigenen Mutter, die ihr Kind (die Patientin) einst ungeschützt in der Welt zurückgelassen hatte. Weil sich der Auslöser – das Alter der Kinder und die aus der Traumatisierung resultierende Überfürsorglichkeit für diese – zur Aktivierung verdrängter Schmerzen und Ängste eignet, bekommt die junge Mutter, körperlich gesund, einen Angstanfall, der die potentielle Verlassenheit der eigenen Kinder zum Inhalt hat, aber auch die eigene Verlassenheit wiederholt.

Eine Krankenschwester, die im Alter von 17 Jahren hilflos ansehen musste, wie ihr über alles geliebter Großvater starb, ihm nicht helfen konnte und davonlief, wird später eine besonders engagierte Altenhelferin. Zwanzig Jahre später beginnen »aus heiterem Himmel« Kreislaufstörungen, Blutdruckattacken, Herzrasen, Schlaflosigkeit – alles bekannte Angstäquivalente. Der Internist findet keine organische Ursache und überweist die Patientin zum Psychotherapeuten. Die analytische Arbeit zeigt, dass die Patientin unbewusst bei jedem ihrer alten sterbenden Patienten das nie überwundene Trauma des Todes ihres einst geliebten Großvaters erlebt.

Es gibt auch viel komplexere Ursachen für Angstattacken: unbewusstes und unverarbeitetes Triebgeschehen, sexuelle Traumatisierung (siehe unten), existentielle Ängste, Todesangst. Sie müssen im Zusammenhang rekonstruiert und behandelt werden, dann hat der Patient/die Patientin eine fast 100%ige Chance, nicht nur die akuten Ängste für immer zu verlieren, sondern nie mehr eine Angstattacke erleiden zu müssen.

»Schlechte Gefühle«

Das Sich-nicht-Wohlfühlen ist ein sehr verbreiteter, unangenehmer und vielen Menschen wohlbekannter Zustand: Er reicht von einer (manchmal auch harmlosen) »schlechten Laune« bis zu schon nicht mehr ganz so harmlosen depressiven Einbrüchen. Die davon Betroffenen leiden unter unangenehmen Stimmungen und Gefühlen, die, wenn sie längere Zeit andauern, ihnen das Leben so richtig vermiesen können.

Häufig können die Betroffenen selbst nicht sagen, »wie schlimm« nun dieser Zustand ist, wie lange er andauern wird oder ob nach ein paar Tagen ein angenehmer Zustand wieder erreicht sein wird.

Sollte ein solcher Zustand der »schlechten Gefühle« länger als einige Wochen andauern oder immer wiederkehren und sollte sich kein plausibler *aktueller* Grund hierfür finden, dann ist es ratsam, einen Therapeuten aufzusuchen. Ein psychoanalytischer Therapeut kann mit seinen Patienten zusammen herausfinden, ob eine kurze, längere oder vielleicht auch gar keine Therapie notwendig sein wird, um den Zustand zu beenden. Denn der Gang zum Therapeuten verpflichtet nicht zum Beginn einer längeren Therapie. Die Krankenkassen in Deutschland bezahlen mehrere (fünf bis acht) Vorgespräche, die zur Abklärung der Erkrankung vor der Aufnahme der Therapie dienen sollen. Diese können auch bei verschiedenen Therapeuten geführt werden, wenn der zuerst aufgesuchte den Vorstellungen eines suchenden Patienten nicht entspricht.

Es ist wichtig, die Hemmschwelle für den Gang zum Therapeuten abzubauen. In den Praxen für Allgemeinmedizin und in internistischen Praxen hat einer hoher Prozentsatz der Patienten – die Schätzungen reichen von 30% bis 50% und zuweilen noch weit darüber hinaus – psychische Probleme, die von den dazu nicht ausgebildeten Allgemeinmedizinern und Internisten nicht erkannt werden. Die gegenwärtige Situation hat nicht nur Nachteile für die Patienten, sondern auch für die Solidargemeinschaft: Jahrelange, überflüssige, nicht hilfreiche medikamentöse Behandlungen bis hin zu überflüssigen Operationen sind teuer, ineffektiv und treiben die Kostenexplosion unseres Gesundheitswesens weiter in die bekannten Höhen.

Jeder Patient sollte sich darüber im klaren sein, dass der erste Besuch bei einem Psychotherapeuten zu nichts verpflichtet! Immer wieder warten Patienten viel zu lange, bis sie mit einem quälenden Problem endlich einen Fachmann oder eine Fachfrau aufsuchen: je früher desto besser! Frische Erkrankungen sind viel leichter zu behandeln als chronische Leiden. Zahlreiche Patienten, inzwischen 50 Jahre und älter, sehr zufrieden mit den Ergebnissen ihrer Psychoanalyse, meinen dennoch, wenn sie 20 Jahre früher begonnen hätten, wäre ihr Leben viel besser verlaufen.

Immer mehr Menschen fühlen sich, so sie Arbeit haben, dennoch häufig unzufrieden. Etwas überspitzt könnte man sagen: Wer Arbeit hat, arbeitet zuviel, wer keine hat, steht unter Legitimitätszwang zu begründen, warum er oder sie arbeitslos ist, und leidet neben der häufig empfundenen Demütigung, entlassen oder nicht gewollt zu sein, neben einer langsamen, schleichenden Einbuße an Selbstwertgefühl zusätzlich noch unter finanzieller Not.

Sigmund Freud hatte einst formuliert, die Psychoanalyse könne das neurotische Elend heilen, das »gemeine Elend« nicht. Damit meinte er, dass die Psychoanalyse die historisch und gesellschaftlich allgemeine Notlage, in die viele Menschen geraten, nicht heilen könne. Ganze Dörfer und Städte lassen sich nicht auf die Couch legen, ganze Gesellschaften noch weniger. *Und doch ist es so, dass jemand, der individuell durch eine psychoanalytische Therapie wieder zu seelischen Kräften und Wohlbefinden gekommen ist, eher einen Job findet und die Belastungen, die im Job auf ihn zukommen, besser verkraften kann.*

Dazu ein Beispiel:

Eine Lehrerin, die dem täglichen Schulstress und den dort herrschenden schwierigen Verhältnissen nicht mehr gewachsen war, erkrankte immer wieder: Mal war es eine Erkältung, die von einer nächsten abgelöst wurde, mal waren es Magenschmerzen, mal waren es andere Verdauungsstörungen, mal waren es Gefühle von Unwohlsein, die bis zur Depression leichteren Grades reichten. Jahrelang versuchte sie, alleine damit zurecht zu kommen. Als sie schließlich 55 Jahre alt war und sich schon überlegte, ob sie sich nicht, wie so viele ihrer Kolleginnen und Kollegen, frühpensionieren lassen solle, entschließt sie sich zu einer psychoanalytischen Therapie. Nach einigen Vorgesprächen kommt sie, gemeinsam mit ihrer Therapeutin, zu dem (vorläufigen) Ergebnis, dass sie sich seit Jahrzehnten immer »aufgeopfert« und dabei ihre eigenen Leistungsgrenzen missachtet hat.

Stets hatte sie in ihrer Schule die Probleme anderer Menschen an sich gezogen, nicht zugelassen, wenn Andere ihr etwas abnehmen oder sie entlasten wollten. Wenn ausländische Kinder, türkische und andere, nicht recht mitkamen, so bot sie diesen kostenlos nachmittags Sprachunterricht an. Sie hatte damit Erfolg, wurde viel bewundert und bezog ihr gesamtes Selbstwertgefühl daraus, dass ihre Menschenliebe und ihr Altruismus hoch geschätzt wurden. Dabei merkte sie nicht mehr, dass sie selbst und ihr Privatleben zu kurz kamen. Nach der frühen Scheidung ihrer ersten Ehe, die kinderlos war, stürzte sie sich in ihre beruflichen Aufgaben. Kein Wunder, dass sie krank wurde; sie war die älteste von sieben Kindern, aufgewachsen in ländlicher Umgebung, deren Aufgabe in der Nachkriegszeit vor allem darin bestanden hatte, die beiden Eltern zu entlasten und ihnen weitgehend die Erziehung ihrer jüngeren Geschwister abzunehmen. Sie hatte also von früh an gelernt, Verantwortung für andere zu übernehmen, sie hatte aber auch ihr gesamtes Selbstwertgefühl darauf gegründet, anderen zu helfen.

Als sie zwei Jahre in psychoanalytischer Behandlung war, nunmehr 57 Jahre alt, lernte sie während einer Fortbildungsveranstaltung einen engagierten Kollegen kennen, der zwei Jahre jünger war als sie und sich ebenfalls für die Belange ausländischer Kinder in den deutschen Grund- und Hauptschulen interessierte. Nach einiger Zeit entschieden sich die beiden, zusammen zu bleiben. Die Patientin hat inzwischen verstanden, warum sie so überengagiert bis zur Verletzung der eigenen Gesundheitsgrenze gelebt hatte, und achtet in Zukunft darauf, ihre eigenen Belange wichtiger zu nehmen und sich auch gegenüber den tatsächlichen oder manchmal nur geahnten Anforderungen ihres neuen Mannes besser abzugrenzen.

Andere Behandlungen sind komplizierter, brauchen längere Zeit, bis die wichtigsten Konflikte gelöst werden. Wieder andere erfordern den Mut, sich gegenüber ungerechtfertigten Forderungen eines wie immer übergriffigen Arbeitgebers oder Chefs abzugrenzen. Jener ist so gut wie immer der Erbe ehemaliger Elternbeziehungen, vor allem der Beziehung zum Vater. Unbewusst werden die Idealisierung, die Angst vor Autoritäten, auch die Liebe zu Autoritäten und die Unterwerfung unter ihre Macht, mit den frühen und frühesten Elternimagines in Beziehung gesetzt. Eine aufdeckende analytische Psychotherapie kann hier zu einem guten Ergebnis führen.

Traumatische Erfahrungen

Unter dem Eindruck zunehmender Terroranschläge, Naturkatastrophen, der Grausamkeit von Völkermorden und Kriegen wird in neuerer Zeit viel über die massenhafte Traumatisierung großer Bevölkerungsanteile diskutiert. Eine zeitnah auf die traumatische Erfahrung folgende psychologische Betreuung scheint in westlichen Ländern inzwischen eher die Regel als die Ausnahme zu sein. Studien über die Wirksamkeit dieser Betreuung fehlen bisher.

Die Diskussion um die Traumatisierung der von einer solchen Katastrophe Betroffenen hat einen beispiellosen Aufschwung von psychologischen Methoden in die Wege geleitet, die dazu geeignet sein sollen, schneller als die Psychoanalyse einen traumatisierten Menschen zu stützen, zu stabilisieren und zu normalisieren.

Im folgenden soll zunächst dargestellt werden, was ein Trauma ist, wie es zustande kommt und wie es geheilt werden kann. Dazu ist eine Differenzierung notwendig *zwischen aktuellen und chronifizierten Traumata.* Während für die erstgenannten rasche psychologische Beratungshilfe nach unterschiedlichen Methoden ausreichend sein kann, ist für die zweiten die Psychoanalyse die Methode der Wahl. Denn die Psychoanalyse ist aus der Erfahrung mit traumatisierten Patienten wie z. B. Anna O. und Katharina entstanden und am besten geeignet, die dichten Verknüpfungen zwischen Trauma und Gesamtpersönlichkeit, Trieb und Trauma zu entwirren und erfolgreich zu behandeln.

Ein Trauma ist die Überwältigung des Ichs durch ein äußeres Ereignis, das die Reizschwelle des Betroffenen durchschlägt und von der normalen seelischen Abwehrleistung nicht bewältigt werden kann. Wegen der Unfähigkeit des betroffenen Individuums, das Ereignis zu verarbeiten, prägt sich dieses tief in die Persönlichkeitsstruktur ein und entfaltet zuweilen ein Eigenleben, nach Sigmund Freud einen »Staat im Staate«.

Langjährige Traumata, die sich wiederholen, wie zum Beispiel langjährige Haft in Konzentrationslagern, Folter in Gefängnissen, generell durch Menschen verursachte Gefangennahme können die Persönlichkeitsstruktur für immer verändern und unter Umständen unwiderruflich zerstören (vgl. z. B. Tömmel 2005).

Traumata im Kindesalter haben immer ernste Folgen. Wie die analytische Erfahrung zeigt, werden sie überdies meist genau, auch von ehemals sehr kleinen Kindern, erinnert und erhalten sich unverändert über Jahrzehnte im Gedächtnis – im Gegensatz zu weniger wichtigen Ereignissen, an die die Erinnerung im Laufe des Lebens je nach subjektiver Identitätsbestimmung veränderlich ist (vgl. z. B. Bohleber 2005). Die Erfahrung früher Traumatisierung verknüpft sich so mit den nachfolgenden Lebensereignissen auf vielfältige und komplexe Weise.

Freud hatte zu Beginn seiner psychoanalytischen Forschungen geglaubt, dass jede Traumatisierung eine äußere sexuelle sei, dass folglich eine »pathogene Analogie der gewöhnlichen Hysterie mit der traumatischen Neurose« (1895, S. 29) bestehe.

> Bei der traumatischen Neurose ist ja nicht die geringfügige körperliche Verletzung die wirksame Krankheitsursache, sondern der Schreckaffekt, das psychische Trauma. (ebd.)

Später differenzierte er sein Konzept dahin gehend, dass innere triebgesteuerte Verarbeitungsprozesse die Ursache für Traumatisierung seien. Er entdeckte die kindliche Sexualität und mit ihr die schwierige Entwicklung eines in die Gesamtpersönlichkeit integrierten Trieblebens sowie dessen Anfälligkeit für Störungen. Sandor Ferenzcis Traumatheorie betonte dagegen die Gebundenheit eines kindlichen Objekts an seine frühesten Bezugspersonen und die damit verknüpfte hilflose Abhängigkeit des Kindes vom Erwachsenen. Im schlimmsten Fall erlebe das Kind aufgrund mangelnder Betreuung einen »psychischen Tod«, ein »inneres Sterben«, das als traumatische Erfahrung ein Leben lang erhalten bleibt und bei jedem geeigneten Auslöser erneut auftritt. Tatsächlich sind damit die Gründe für die so genannten »Borderline-Erkrankungen« benannt.

Dazu einige Beispiele:

Ein Patient musste bereits als Kleinkind die ungeheure Wut seines aus dem Krieg als gedemütigter Mann heimgekehrten Vaters aushalten. In einer Mischung aus Eifersucht, Neid, Bruder- und Schwiegervaterübertragung schlug er den Kopf des Buben auf den Steinfußboden der Waschküche, prügelte täglich aus geringfügigsten Anlass. Seine Mutter unterwarf sich aus traditionellen Gründen und aus Angst der Autorität des Vaters und schützte ihr Kind nicht.

Seine erstmals in der Spätadoleszenz auftretende Symptomatik war von schwerer Angst, Panikattacken, schwärzester Depression, der Faszination an allem Bösen, Schlechten, Negativen, Gefühllosen charakterisiert. Der Übertragungsprozess in der Psychoanalyse war von Verachtung für »dumme Frauen« charakterisiert, die »nicht bis drei zählen« könnten, Angst, Schreck, Aussetzen des Denkens, Qualen mangelnden Selbstwertgefühls, Wut und Hass auf die Therapeutin, die sich zu Beginn der Analyse auch in der Drohung, die gesamte Praxis zu demolieren, äußerten.

Nach etwa drei Jahren veränderte sich die Übertragung in heftig abgewehrte starke Emotionalität, mal Liebe, mal Hass, mal Ablehnung, mal Hoffnung, mal Wut, mal obsessive sexuelle Phantasievorstellungen, die die Ästhetik des Weiblichen zum Inhalt hatten. Da er gut aussah, mochten ihn die Frauen zunächst, aber er war meist impotent, floh jede Nähe, zeigte Tendenzen in Richtung eines perversen Masochismus, zeitweise auch Ängste vor Homosexualität. Beruflich war der Patient (zunächst) erfolgreicher, solange er seine vateridentifizierte Düsternis abgespalten hatte von seiner bunten, kreativen Seite. Die zunehmende Integration, im Rahmen eines geduldigen und zugeneigten Containment als Begründung für die wachsende Aufhebung der kindlichen Spaltung zu interpretieren, führte ihn zu heftigen Wutausbrüchen gegen die Therapeutin, die ihn in die »Finsternis des Guten« verführen wolle, obgleich es doch allen Bösen besser gehe, sie viel erfolgreicher und reicher seien. Erst langsam beruhigte sich seine aufgeregte traumatisierte Seele. Er konnte besser arbeiten, konnte Nähe zulassen und lieben.

Eine noch sehr junge Frau (21 Jahre) litt regelmäßig an Panikattacken. Ihr war bewusst, dass ihr Vater sie im Alter von acht bis dreizehn Jahren missbraucht hatte, ebenso wie ihre zwei Jahre jüngere Schwester. Die Schwester, erwachsen geworden, zeigte den Vater an. Zu dieser Zeit weigerte sich Nadja noch, sich solidarisch an die Seite der Schwester zu stellen. So konnte das Verfahren niedergeschlagen werden und die Familie blieb erhalten. Einige Jahre später entschloss sich Nadja, nun doch von sich aus den Vater anzuzeigen. Das in ihren Augen unakzeptable Verhalten ihres Vaters gegenüber einer weiteren Schwester und der desolate Zustand ihrer Mutter waren die Gründe hierfür. Es wurde nun offensichtlich, warum sie einige Jahre davor den Mut noch nicht gehabt hatte: In dem Augenblick, als die Anklage unterschrieben war, bekam sie schlimme Angstanfälle. Sie konnte nicht mehr Auto fahren, nicht mehr weit weg von zu Hause sich zurechtfinden, sie verlor die Orientierung, konnte nichts mehr essen und auch am Morgen nichts trinken. (In den frühen Morgenstunden hatte sich der Vater ihr genähert. Orale Praktiken hatten bei dem Missbrauch die entscheidende Rolle gespielt.) Die Angst war hier den massiven Schuldgefühlen und der projizierten Aggression auf den Vater zu verdanken: Die Patientin hatte unbewusst Angst, dass der Vater, wenn er aus der Haft entlassen werden würde, sich an ihr rächen werde. Während ihr der Missbrauch bewusst war, war es die Ursache für ihre Angst nicht. Die Patientin konnte nun langsam ihre Geschichte, die die Geschichte einer verratenen Kindheit und eines schändlichen Missbrauchs ihrer kindlichen Liebe ist, durcharbeiten und verstehen lernen. Ein entscheidender Auslöser für die abnehmende Häufigkeit ihrer Angstattacken war die Einsicht in ihre Wut auf den Vater. Für eine solche Einsicht ist nicht die intellektuelle Begabung, sondern die emotionale Offenheit ausschlaggebend. Gebildete Menschen haben zuweilen kaum voraussehbare Probleme, die Gesetzmäßigkeiten unbewusster Dynamik zu erkennen; einfache Menschen haben diese Schwierigkeiten häufig nicht.

Ein anderes Beispiel ist jene 28-jährige Künstlerin, die mit Bulimie, Panikattacken, Körperängsten aller Art – Angst, die Stimme zu verlieren, Angst, zu sterben, Angst vor Verlassenheit (sie wurde von ihren Freunden häufig verlassen, hatte aber keine Ahnung warum) – zur Therapie kam. Bei ihr stellte sich heraus, dass sie eine hoch ambivalente Beziehung zu ihrer Mutter hatte, gegen die sie bewusst Hass empfand, unbewusst aber eine Sehnsucht nach Gehaltenwerden, Anerkennung, Orientierung, nach Unterstützung und Geliebt-Werden. Sie hatte eine Vielzahl von verhaltenstherapeutischen Therapien hinter sich, sowohl im Rahmen von Klinikaufenthalten als auch ambulant. Kurzfristig hatten diese Therapien Erfolg, langfristig litt sie unter Rückfällen, die immer schlimmer wurden. Erst eine sehr lang dauernde analytische Psychotherapie, niederfrequent, d. h. eine Stunde in der Woche über einen längeren Zeitraum, konnte ihr helfen. Die Beziehungsängste der Patientin erlaubten ihr nicht, häufiger als einmal in der Woche zur Therapie zu kommen. Diese Therapie brachte ihr schließlich kontinuierliche Besserung, einen Lebensgefährten, den sie ersehnte und ein beruflich festes Gerüst, innerhalb dessen sie sich entfalten kann.

Eine andere Patientin kam ebenfalls wegen diffuser Ängste und anhaltender Partnerprobleme zur Therapie. Eines Tages, anlässlich der Schilderung und der daran anschließenden Deutung eines Traumes, erinnerte sie sich überfallartig und plötzlich an ein Geschehen in der Toilette, wo sie von mehreren alten Männern missbraucht worden war. Hier ist nicht der Ort, die Kriterien für einen realen Missbrauch zu nennen, d. h. die Bedingungen zu diskutieren, die nach der hier vertretenen Auffassung die für einen therapeutischen Erfolg notwendige Unterscheidung zwischen der *Realität eines Geschehens und der Phantasie eines Geschehens* erlaubt. Diese Kriterien gibt es, wenn dem auch seit Freuds berühmter Äußerung, das Unbewusste kenne kein Zeichen der Unterscheidung zwischen Phantasie und Realität, immer noch widersprochen wird. Es wäre einer eigenen Arbeit wert, hierüber zu berichten. Tatsache ist, dass diese Patientin sich mit Schauder und Abscheu an diese alten Männer erinnerte und auch ihr eigenes Alter rekonstruieren konnte: Vier Jahre war sie erst, als dies alles, unter bestimmten, hier nicht näher mitzuteilenden Umständen, passierte. Diese Patientin, eine hochintelligente Frau, hatte als Kind sehr weit reichende Theorien aus dem Geschehenen abgeleitet, die, wie oben dargestellt, ganze »Welterklärungen« umfassten. Unter anderem war sie zu der Auffassung gelangt, dass gute Menschen dumm seien und die intelligenten schlecht. Man kann sich vorstellen, welche Konsequenzen das für eine Heranwachsende haben und auch welche Schwierigkeiten und Widerstände dies in der psychoanalytischen Therapie mit sich bringen musste.

Sexuelle Probleme

An jeder Liebesgeschichte, jeder Freundschaft und auch an entfernter erlebten Beziehungen ist ein großer »Übertragungsanteil« beteiligt, der das Gegenüber, den geliebten Menschen, den Vorgesetzten, die Mitarbeiter oder Untergebenen eben in jenem Licht sehen lässt, das vielleicht vor 30 Jahren oder noch länger zuvor zu leuchten begann.

Am eindrücklichsten zeigt sich das im sexuellen Erleben, obgleich die individuellen Unterschiede der verschiedenen Liebespartner und deren Anteil nicht geleugnet werden sollen: Ist die Bereitschaft zur Hingabe da – zu männlicher und weiblicher Hingabe? Gibt es genügend Urvertrauen, sich dem Partner hinzugeben, ohne ein Gefühl des Ausgeliefertseins zu entwickeln? Kann Leidenschaft die Liebe begleiten oder die Liebe die Leidenschaft, oder muss zwischen beiden gespalten werden aus Angst vor Selbstverlust? Besteht Vertrauen zur eigenen Körperlichkeit, kann die Schönheit des Körpers des/der Geliebten anerkannt und genossen werden (wie das Beispiel aus dem Buch Salomon zeigt) oder muss eine Abwertung erfolgen, damit der/die Andere nicht zu stark wird? Ist die symbiotische Verschmelzung ebenso wie die Trennung möglich oder muss *Der gute Gott von Manhattan* (Ingeborg Bachmann) erst eine Bombe werfen, um die Liebenden zu trennen?

Oder ist alles »noch viel schlimmer«, d. h. Angst erregender, und ein Liebesobjekt darf erst gar nicht gesucht und gefunden werden?

Alles das sind Fragen, die sich viele Menschen stellen und ebenfalls ein Motiv sein können, eine Therapie aufzusuchen. Das gesamte Leben beeinflussende kindliche Theorien sind tatsächlich so zahlreich, wie es Kinder gibt. Es sind nicht nur die kindlichen Sexualtheorien, die ihre Relevanz im zwischenmenschlichen Bereich entfalten, sondern alles, was ein Kind sieht, hört, fühlt, schmeckt, wahrnimmt und spürt, führt zu Schlussfolgerungen, von denen Eltern meist keine Ahnung haben.

Die frühen Eindrücke stellen einen Beitrag zur späteren Liebesfähigkeit dar. »Lieben und arbeiten können« – das waren die Eckpfeiler psychischer Gesundheit, wie Freud sie verstand. Störungen in einem oder in beiden Bereichen, die nicht vorübergehender Natur sind, stellen eine Indikation für einen Besuch bei einem (sorgfältig ausgewählten) Therapeuten dar.

Soziale Unsicherheit

Auch für wiederholt und gleichförmig auftretende Dauerkonflikte im zwischenmenschlichen Bereich, in Gruppen oder in der Öffentlichkeit gilt das, was oben gesagt wurde. Sie sind nicht aus dem Gesamtzusammenhang einer individuellen Persönlichkeit als isoliertes Problem herauszulösen, sondern fast immer Teil einer individuellen Entwicklung, die eine lange Geschichte hat.

Probleme in der Öffentlichkeit, in Gruppen, mit anderen Menschen, die nicht Intimpartner sind, im Berufsleben mit Kollegen etc. haben viele Gesichter. Es ist möglich, dass jemand bei einem oberflächlichen Gespräch mit lediglich entfernt Bekannten aus unbekannten Gründen heftig errötet, stottert, ihm die Worte fehlen, so dass eine unverbindlich-konventionelle Unterhaltung so gut wie unmöglich ist. Diese vordergründig vielleicht geringen Störungen können dennoch den davon Betroffenen jede Begegnung zur Hölle machen. Rückzug und Einsamkeit sind nicht selten die Folge: Denn wer will eigentlich bei einem völlig unverbindlichen Gespräch wie eine Tomate dastehen? Oder wer möchte als überaus schüchterne graue Maus aufgefasst werden, die – trotz eines eventuell reichen Innenlebens – nichts zu ihren Gunsten vorzubringen in der Lage ist? Jedes Fest kann so zu einer Qual werden, jede Veranstaltung zur ungewollten Prüfung für die Gesamtpersönlichkeit.

Hier kann eine besondere psychoanalytische Therapieform, die *analytische Gruppentherapie* oder auch eine *Selbsterfahrung in Gruppen* besonders nützlich sein. Bis zu neun Personen treffen sich ein bis zwei-Mal wöchentlich für eine Doppelstunde in der analytischen Praxis und halten – unter Leitung eines Gruppenanalytikers – dieselbe Grundregel ein wie in der Einzelanalyse: alles zu sagen, was »durch Kopf, Körper und Gemüt« geht, und nichts zu verschweigen, auch wenn es als unwichtig, banal, aggressiv, feindselig, unwichtig oder sonst wie »ungehörig« abgewiesen werden könnte.

Eine analytische Selbsterfahrungsgruppe ist zunächst einmal dazu geeignet, die wertvolle Erfahrung »Ich bin nicht allein mit meinem Problem« zu vermitteln. Sehr viele Menschen zerbrechen sich jahrelang den Kopf darüber, wieso ausgerechnet sie von quälenden Symptomen wie Schüchternheit, Unsicherheit, Einsamkeit, Unfähigkeit, sich in größeren Gruppierungen zu Wort zu melden, betroffen sind. Sie wissen nicht, dass sie sehr viele Mitleidende kennenlernen würden, wenn sie sich ihrem Problem erst einmal konfrontierten. »Mitleidende« heißt dann auch »Mitstreitende« für ein zunehmendes Verständnis ihrer Situation und der Gründe, warum sie in diese Situation geraten sind.

Eine gut aussehende, recht kluge junge Frau, Absolventin der Akademie der Bildenden Künste, erlahmte regelmäßig, wenn sie vor größeren Gruppen ihre (beträchtlichen) kunsthistorischen Fachkenntnisse ausbreiten sollte. Obgleich ihr solche Veranstaltungen eigentlich Spaß machten und sie sich auch sicher war, dass sie fachlich keine Fehler machen würde, konnte sie vor Scham und Verlegenheit und der Angst zu versagen, den Mund nicht aufbringen. Dies ging manchmal so weit, dass sie tatsächlich stumm wurde und die Veranstaltung unter einem Vorwand absagen musste.

Eine Gruppentherapie brachte die Gründe (in ihrem Fall) ans Tageslicht: Sie hatte als Kleinste in einer längeren Geschwisterreihe vor allem sehr unter ihren älteren Brüdern leiden müssen, die sie als »doof«, »Was willst denn Du schon wieder«, als »unfähig« etc. bezeichnet hatten – wahrscheinlich eher aus Eifersucht und Neid, weil sie Vaters Lieblingskind war, als aus irgendeinem anderen realen Grund. Das aber konnten die Buben nicht zugeben; es ist nicht einmal sicher, ob ihnen das bewusst war.

In der Gruppe wiederholten sich sicht-, hör- und fühlbar viele der Kinderszenen. Eine als solche erlebte »ältere Schwester« war eifersüchtig auf die Patientin wegen ihrer angeblichen Bevorzugung in der Gruppe durch die dort anwesenden Männer und auch durch die Therapeutin. Ein »Bruder« fand sich, der sie »blöd« nannte, ein anderer, mit dem sie sich stritt. Zunehmend verstanden die Gruppenmitglieder (die ihrerseits ebenfalls in alte Probleme verstrickt waren, früher erlebte und längst »vergessene« Szenen durchspielten und durch Übertragungsdeutungen auf die frühesten kindlichen Theorien und Muster aufmerksam wurden), wie sehr ihre Hier-und-Jetzt-Wahrnehmung von alten, gewohnheitsmäßig angewandten

Schemata, eben »Übertragungen« charakterisiert waren. Die Schemata lockerten sich langsam, die Patientin verstand, dass ihr kindliches Leiden durch die rabiaten Brüder, die ihrerseits auch ein Problem, nämlich vermutlich Neid und Eifersucht, hatten, lange her war und dass sie heute niemand mehr »blöd« fand, und wenn doch, dann musste sie das eben hinnehmen. Mit der Zeit hatte sie nicht mehr den Wunsch, »jedem« zu gefallen. Sie wurde immer unabhängiger. Ihre Symptome verschwanden schließlich vollständig, und sie arbeitet heute ausgesprochen gern in ihrem Beruf. Als Abschlussgeschenk für die Gruppe lud sie diese zu einer von ihr geleiteten Führung ein und zeigte »ihre« Stadt voller Stolz auf ihre wieder gewonnene Kompetenz.

Eine Gruppe ist meist ein sehr guter Schutz für Menschen, die viel Angst vor der Konfrontation mit einem als übermächtig erlebten Analytiker in der Einzelsituation haben. Sie bietet den Raum für die Entfaltung der Persönlichkeit, wie sie oft auch eine Familie mit mehreren Kindern bietet: Bündnisse gegenüber den als sehr mächtig erlebten Eltern, die besonders für zunächst recht ich-schwache Personen die Chance bieten, sich langsam besser in ihren Möglichkeiten zu verständigen, sich abzugrenzen von realen und/oder phantasierten ungerechten Forderungen der realen und/oder phantasierten Eltern, der realen und/oder phantasierten Vorgesetzten oder auch der verinnerlichten Bilder dieser frühen und späteren Autoritätspersonen.

Wie das oben erzählte Beispiel zeigt, ist eine Gruppe auch besonders gut geeignet, eventuelle Geschwisterrivalitäten zu bearbeiten oder Zuschreibungen von Seiten der Geschwister, die in vieler Hinsicht viel grausamer sein können als durchschnittlich erwartbar guten Eltern es jemals einfallen würde. Die Gründe hierfür sind in der Entthronung der großen Geschwister durch die kleinen zu suchen, in der immer herrschenden, manchmal bis zu mörderischen Wünschen sich steigernden Rivalität und in der Direktheit kindlicher Aggression. Häufig sind auch tiefe Schamgefühle die Ursache für soziale Unsicherheit, die ebenfalls im Kreis der wohlwollenden Anderen gut bearbeitet werden können. Eine Gruppe bedeutet soziales Lernen in einem geschützten Raum und Kontakt zwischen Gleichgesinnten, die je nach Indikation in einem selbstbestimmten Prozess den Abbau von Hemmungen für eine adäquate Selbsterkenntnis, Selbstdarstellung und wahrheitsgemäße Lebensform fördern kann.

9. Kapitel

Der gute Therapeut

Es ist schwer, schwimmen zu lernen, wenn man glaubt, auf dem Wasser gehen zu müssen.

Irwin Hoffman

Die meisten Menschen, die sich zu einer Therapie entschließen, hoffen, einen möglichst guten Therapeuten zu finden. Vermutlich gibt es »den« guten Therapeuten nicht – ebenso wenig wie es »den« guten Lebensgefährten oder »die« gute Lebensgefährtin gibt –, denn entscheidend sind in beiden Fällen die subjektiven Bedürfnisse des Suchenden. Es gibt aber mehr oder weniger begabte Therapeutenpersönlichkeiten und mehr oder weniger stark ausgeprägte Charaktereigenschaften, die sich bei der Ausübung von Psychotherapie und Psychoanalyse günstig auswirken.

Studien über Therapieerfolge belegen, dass die angewandten Methoden den Erfolg einer Therapie weniger bestimmen als die Persönlichkeit des Therapeuten. Das weist jedenfalls auf die immense Wichtigkeit der Persönlichkeit eines Therapeuten hin. Positive Gestimmtheit, Optimismus bezüglich der Entwicklungsfähigkeit eines Patienten, ein ausgeglichener Charakter – ein sich dem Patienten engagiert zugewandter Therapeut kann sich vermutlich besser in diesen einfühlen, ihn mögen und mit diesem zusammen dessen Lebensgeschichte verstehen und durcharbeiten.

Zur Geschichte der »idealen« Therapeutenpersönlichkeit

In den letzten 100 Jahren hat sich die Vorstellung, wie ein Therapeut sein soll, mehrmals verändert. Sigmund Freud hat sich ausführlich über den Analytiker und dessen wünschenswerte Eigenschaften, seine Schwächen und Stärken, geäußert. So meinte er etwa in seinem Aufsatz *Zur Frage der Laienanalyse* (1926b), dass »ein abnormer« Mensch zwar Physiker werden könne, nicht aber Psychoanalytiker. Denn dann wäre er durch seine eigene Abnormität daran gehindert, »die Bilder des seelischen Lebens ohne Verzerrung zu erfassen«. Er solle im Gegenteil durch eine »tiefgreifende eigene Analyse« in die Lage versetzt werden, das analytische Material vorurteilsfrei zu deuten (Freud 1926b, S. 249)

Die Rolle eines Analytikers sieht er als Lehrer, Aufklärer, als Beobachter, als Erzieher, zuweilen auch als Prophet, Erlöser und Seelenretter, als Ratgeber, als Seelsorger, Friedensstifter und weltlicher Priester. Es sind schöne Worte, die Freud findet, um die umfassende und jeweils unterschiedliche Rolle eines einfühlsamen Psychoanalytikers zu beschreiben. Eine seiner Metaphern, die den Analytiker als »Spiegelplatte« beschreibt, wurde am stärksten herausgehoben.

Freud schreibt, dass es nicht sinnvoll sei und der Behandlung eines Patienten wenig nutze, wenn der Analytiker diesem »Einblick in die eigenen seelischen Defekte und Konflikte« gestatte und ihm damit durch »vertrauliche Mitteilungen aus seinem Leben die Gleichstellung« ermögliche. Dann schreibt er:

> Der Arzt soll undurchsichtig für den Analysierten sein und wie eine Spiegelplatte nichts anderes zeigen, als was ihm gezeigt wird. (Freud 1913, S. 384)

Über die Spiegel-Metapher wurde viel geschrieben und gestritten. Nachweislich hat Sigmund Freud selbst sich nicht an seine eigenen Ratschläge und Vorschriften gehalten. Die Berichte, die von seinen in- und ausländischen Patienten überliefert sind, zeigen allesamt einen eher warmherzigen, freundlichen, offenen Zuhörer und manchmal auch Ratgeber.

Johannes Cremerius (1990) schreibt in dem lesenswerten Aufsatz »Freud bei der Arbeit über die Schulter geschaut«, dass eine bemerkenswerte Nicht-Übereinstimmung zwischen Freuds Schriften, die der Anweisung für Analytiker gelten, und seinen von ihm selbst durchgeführten Analysen bestehe. Durchgängig war er direkter, warmherziger, persönlicher und großzügiger, als er dies gemessen an seinen behandlungstechnischen Schriften hätte sein dürfen. Zwar hat es auch Analysanden gegeben, die von der Analyse bei Freud enttäuscht waren, aber dies ist eine allgemeine Erfahrung, die jeder Arzt und Psychotherapeut kennt. Die meisten der in- und ausländischen Patienten erlebten in ihrer Analyse jedenfalls Freuds Persönlichkeit, seine Wärme und Großzügigkeit und berichteten in den Selbstdarstellungen übereinstimmend mit Freud eigenen Briefen und Berichten an Kollegen und Freunde von seiner offenen, warmherzigen, persönlichen, direkten und auch unkonventionellen Art in der Analyse.

Merkwürdigerweise hat sich aber die in Wort und Schrift festgelegte rigide Art, eine Analyse durchzuführen, tradiert und nicht Freuds freiere Art und Weise. Worin kann dies begründet sein? Quod licet Jovi, non licet Bovi (was Zeus darf, darf nicht jedermann), könnte der Gründervater Freud gedacht haben. Vermutlich wollte er in seinen Schriften einen Leitfaden vorgeben, »an den sich die halten sollten, von deren moralischen Qualitäten er nicht überzeugt war und von denen er annahm, daß sie durch die freie, offene, unmittelbare Umgangsform mit dem Patienten, wie er sie selbst ausübte, stärker gefährdet werden könnten, als wenn sie sich entlang eines strengen Leitfadens bewegen würden« (Cremerius 1990, S. 357).

Cremerius lehnt es ab, Freuds Vorgehen als »unanalytisch« zu bezeichnen, wie es durchaus schon vorgekommen ist. Vielmehr ist er der Meinung, dass Freud »in der Praxis weiter als in der Theorie« war (ebd., S. 359):

> Diese spontane, offene, aktive Arbeitsweise Freuds hat die Weiterentwicklung der psychoanalytischen Technik stärker beeinflußt als die unter dem Namen »klassische Technik« monopolisierte Spiegel-Chirurgen-Passivitäts-Abstinenz-Neutralitäts-Haltung. Letztere geht von dem aus, was idealiter *sein sollte.* Die Innovationen der letzten Jahrzehnte gehen von dem aus, was *ist.* (ebd.)

Sandor Ferenczi war der erste Psychoanalytiker, der für eine andere als die von Sigmund Freud zumindest theoretisch bevorzugte »Behandlungstechnik« eintrat. Er setzte sich nicht nur dafür ein, dass der Analytiker offen sein müsse, auch eigene Schwächen zugeben solle, sondern er meinte darüber hinaus,

> der Patient brauche reales Interesse, wirkliches Helfenwollen, eine alles bezwingende Liebe zu jedem Einzelnen, die das Leben erst lebenswert erscheinen lässt und einen Gegensatz zur traumatischen Situation bildet (Ferenczi 1932, S. 40).

Die Auffassung Sandor Ferenczis wurde damals von der wissenschaftlichen Gemeinschaft der Psychoanalytiker nicht anerkannt; Freud selbst verweigerte ihm nicht die menschliche, aber die wissenschaftliche Anerkennung seiner Versuche, die Behandlungstechnik radikal zu verändern. Heute wird dies anders gesehen. Ferenczi wird trotz seiner zahlreichen Irrtümer im einzelnen von modernen Analytikern als derjenige gefeiert, der als erster Psychoanalytiker den zutiefst emotionalen Gehalt des psychoanalytischen Prozesses berücksichtigt hat.

Nach einer langen Phase einer zuweilen verkrusteten Orthodoxie, in der manche Analytiker angeblich kein Wort während langer Phasen der Therapie gesprochen haben sollen, hat sich die Situation heute verändert. Eine der Patientinnen, die einem »schweigenden Analytiker« in die Hände gefallen ist, erzählte aus der schwierigen Vergangenheit, sie sei in einer deutschen Großstadt zwei Jahre lang zu einem Analytiker viermal in der Woche gegangen, habe kein Wort gesagt, er auch nicht. Nach zwei Jahren sei sie von der Couch – immer noch wortlos – aufgestanden, habe »Adieu« gesagt und das Haus des Analytikers nie mehr betreten. Nicht nur dessen Praxis habe sie nie mehr betreten, sondern auch nicht die eines anderen Analytikers jemals wieder aufgesucht.

Die Geschichte ist wahr, sie ist keine Erfindung; sie ist ein ziemlich abschreckendes Beispiel dafür, wie missverstandene theoretische Anweisungen zu einer grausamen Praxis führen können.

Heute gehen moderne Psychoanalytiker von einer Arbeit zwischen Psychoanalytiker und Patient aus, die auf gleicher Augenhöhe stattfindet. Nicht mehr ist der Eine, der Analytiker, der allwissende Deuter, der Macht über das Unbewusste des anderen deshalb hat, weil er im Besitz des Wissens über dieses Ungeheuer ist, sondern der seine eigenen Untiefen ständig mitreflektiert und sich dessen bewusst ist, dass beide Anwesenden in einem gemeinsamen Kontext stehen.

Ein Stichwort für die moderne Psychoanalyse ist die »emotionale Verfügbarkeit« des Therapeuten, die dem Patienten so lange zur Verfügung gestellt wird, wie dieser sie braucht.

Die emotionale Verfügbarkeit des Therapeuten

Ursprünglich stammt das Wort »emotionale Verfügbarkeit« aus der Säuglings-und Bindungsforschung. Säuglingsforscher entdeckten, dass Mütter, die emotional verfügbar sind, ihren Säuglingen und Kleinkindern Sicherheit, lustvolles Entdecken der Umwelt und viel Neugier gestatten, die sie lebenslang gebrauchen können.

> Ich glaube, dass die emotionale Verfügbarkeit des Analytikers dem Patienten eine Atmosphäre emotionaler Sicherheit bereitstellt, die Erforschung und Reflexion ebenso fördert wie dies die Bezugspersonen für das Kleinkind leisten. (Orange 2004)

Und, noch wichtiger, die emotionale Verfügbarkeit funktioniert mit den gleichen kommunikativen Mitteln, wie sie die Kleinkindforscher schon im Austausch von Säuglingen mit ihren Müttern beobachtet hatten: durch den Tonfall und die visuelle Bezugnahme.

Zu Anfang des Buches habe ich gezeigt, was offenbar früher wenig aufgefallen ist: Dass Sigmund Freud in seiner Unterhaltung mit der jungen Katharina sich dieser im Dialekt, Tonfall, in der Diktion und in der Einfachheit der Sprache angepasst hat, also den expliziten Anforderungen an einen modernen Analytiker schon vor mehr als 100 Jahren entsprochen hat. Er handelte damals schon »selbstverständlich« in der Weise, wie es erst Jahre später theoretisch erfasst werden konnte. Auch der schon betagte Freud, im Alter von 70 Jahren, als Marie Bonaparte ihm während einer Therapiestunde ihre Verliebtheit in ihn gestand, soll aus seinem Sessel aufgesprungen sein und gerufen haben: »Dass ich dies noch in meinem Alter erleben darf.« (Bertin 1989) In diesem Augenblick hat er Marie nicht abgewiesen, etwa indem er zuerst die ödipale Übertragung Maries gedeutet hätte, sondern er hat Marie im »Hier und Jetzt« angenommen, sich ihr »angepasst« und seine eigene Freude (Emotionalität) gezeigt.

Ich denke, dass die emotionale Verfügbarkeit von Anfang an in Freuds Arbeit selbstverständlich enthalten war. Dies hat er allerdings theoretisch nicht zum Ausdruck gebracht und damit schwächere Analytikerpersönlichkeiten auf Irrwege geführt.

Die emotionale Verfügbarkeit ist ein Ideal, dem viele erfahrene Analytiker sich heute gerne verpflichten. Sie darf aber nicht mit grenzenloser Nachgiebigkeit verwechselt werden. Im Falle eines unbewussten aggressiven Widerstands von Seiten eines Patienten bedeutet emotionale Verfügbarkeit anzuerkennen, dass eine gewisse Strenge der Deutung des Unbewussten notwendig ist, um dem Patienten zu helfen, seine Identifikationen mit dem Aggressor zu überwinden.

> (Denn die) Bereitschaft zur Einstimmung und Responsivität ist unspezifisch ... Der emotional verfügbare Analytiker ist dem Patienten so nahe, wie das Elternteil dem Kinde nahe ist, und bereit, sich dem Patienten so viel oder so wenig zu enthüllen, wie der Patient es braucht. (Orange 2004, S. 165)

Eben nicht: »zu enthüllen«, sondern: »wie der Patient es braucht«. Es gibt Patienten, die finden es unangenehm, wenn der Analytiker auch nur ein persönliches Wort sagt. Sie wollen über sich sprechen und nichts vom Analytiker wissen. Andere interessieren sich für dessen Kleidung, Gewohnheiten, Lektüre, Privatleben allgemein und Partnerschaften im besonderen. Stets ist zu beachten, wie denn das Interesse oder Nicht-Interesse einzuordnen ist: Ist es Abwehr? Ist es Sehnsucht nach einer (neuen) Mutter? Oder einem gerechten Vater? Ist es Identifikation? Oder einfach Ablenkung von eigenen unbewussten Konflikten?

Kurz, jeder Patient kann erwarten, dass er einen Analytiker findet, der seine persönlichen Eigenarten berücksichtigt, respektiert, und sich für die Lösung der Konflikte des Patienten emotional zur Verfügung stellt.

Wahrheit und Authentizität

Einem Patienten, der eine Therapie aufsucht, ist nicht geholfen, wenn er auf einen Analytiker trifft, der sich emotional vom Patienten »benutzen« lässt. Auch große Weichheit im Umgang muss nicht nur günstig sein. Die Verpflichtung zu Wahrheit und Authentizität, oben ausführlich besprochen, kann einen Analytiker manchmal dazu bringen, streng sein zu müssen.

Die Konfrontation des Patienten mit den wohl gehüteten, verdrängten oder unbewussten Anteilen der Persönlichkeit, formuliert aus einer grundsätzlichen intellektuellen Redlichkeit stellt das tatsächliche Engagement eines Therapeuten in seiner Arbeit mit Patienten dar. Denn viele der vordergründig gefühlvollen Therapeuten schonen mit einem Mangel an Strenge und Grundsätzen vor allem sich selbst. Ein konfrontierender Analytiker hat Aggressionen zu erwarten, eventuell die Erhöhung des sowieso schon erhöhten Widerstands gegen die Heilung und die Zunahme der negativen Übertragung. Diese gilt eigentlich den frühen oder späteren Bezugspersonen, nicht dem Therapeuten, die dieser oft über sehr lange Strecken der therapeutischen Arbeit auszuhalten in der Lage sein muss, in welcher der Patient nicht sehen kann, dass es nicht der Therapeut war, der ihm in seinem Leben »die Suppe versalzen« hat.

Die wünschenswerte Persönlichkeit eines Analytikers lässt weder die Gefühle über die Grundsätze, noch die Grundsätze über die Gefühle herrschen. Sie lässt es weder zu, dass ersteren letztere, noch letztere die ersten zerstören. Nicht immer wird es für Patienten leicht sein, die gewünschte Mischung bei dem gewählten Therapeuten zu finden.

Ein Patient sollte sich im Verlauf eines Vorgesprächs oder in den auf die Erstgespräche folgenden Probesitzungen, die die Privaten Krankenkassen und die Ersatzkassen in Deutschland bezahlen, wohl fühlen; er sollte das Gefühl entwickeln dürfen, er oder sie selbst sein zu können, nichts vorspielen oder verschweigen zu müssen. Schließlich sollte er oder sie aufmerksam auf die Stimmigkeit des vom Therapeuten Gesagten, auf die Gründlichkeit der mitgeteilten diagnostischen Einschätzung sowie auf die Klarheit der alle den therapeutischen Prozess betreffenden Abmachungen achten. Und er sollte eine Atmosphäre vorfinden, die ihm erlaubt, alle Fragen, die ihn bewegen, stellen zu dürfen.

Immer wieder gibt es Patienten, die trotz des quälenden Eindrucks des Missverstandenwerdens bei dem zuerst aufgesuchten Analytiker ausharren. Auch wenn es manchmal schwer ist zu unterscheiden, was an der negativen Einschätzung Übertragung, was Realität ist: grobe Fehler sollten nicht hingenommen werden. Es ist keine Schande, auch nach bereits einigen absolvierten Vorgesprächen einen anderen Therapeuten aufzusuchen.

Sorgt die psychoanalytische Ausbildung für gute Therapeuten?

Eintauchen in den Paradiesgarten der Psychoanalyse: Das sollte das Motto sein, wenn eine Person sich entscheidet, Psychoanalytiker zu werden. Denn Schwimmen in den Wassern der Emotionen, sich möglichst dort frei geschwommen zu haben, wo das Ertrinken am nächsten liegt, ist eine günstige Eigenschaft eines späteren Therapeuten. Es sind nicht die intellektuellen Eigenschaften, die einen Therapeuten zu einem solchen befähigen. Diese sind vorausgesetzt, sozusagen selbstverständlich. Das intellektuell Erlernbare wird überdies im langjährigen theoretischen Unterricht vermittelt. Die emotionale Begabung der Persönlichkeit ist vermutlich teilweise angeboren, doch eben auch durch Sozialisation im Rahmen primärer Beziehungen erworben. Sie wird schließlich durch den Unterricht und die Lehranalyse vertieft und sollte lebenslang weiterentwickelt werden.

Es dauere so schrecklich lange, »bis man gut in diesem Job ist«, sagte der da bereits 84-jährige New Yorker Analytiker Martin Bergmann in einem Vortrag. Er fügte hinzu, dass er selbst nicht das Gefühl habe, ausgelernt zu haben. Er wirkte dabei sehr frisch, manchmal fast kindlich, begeistert von seinem Beruf und von den vielen Aufgaben, die er noch vor sich sah. Vielleicht kann man in ihm und seiner Haltung ein Vorbild für junge Analytiker sehen.

Die psychoanalytischen Lehrinstitute sorgen durch aufwändige Aufnahmeverfahren dafür, dass nur Kandidaten zum Studium zugelassen werden, von denen sich ein gewählter Ausbildungs- und Aufnahmeausschuss vorstellen kann, dass sie später gut mit Patienten umgehen werden.

Ein Bewerber für das Studium der Psychoanalyse muss zunächst die Erfüllung der formalen Vorbedingungen nachweisen. Diese sind für die Aufnahme zum Studium der Psychoanalyse für Erwachsenenbehandlung entweder ein abgeschlossenes Studium der Medizin oder der Psychologie, für die Kinder- und Jugendlichen-Psychoanalyse ein abgeschlossenes Studium zum Beispiel der Sozialpädagogik oder Pädagogik. Nach der sorgfältigen Prüfung der formalen Voraussetzungen wird der zukünftige Kandidat drei Vorgespräche mit von ihm selbst ausgewählten Lehranalytikern aus insgesamt sechs Personen des Aufnahmeausschusses eines ausbildenden Instituts absolvieren.[8] Die Ergebnisse dieser Gespräche werden innerhalb des Ausbildungsausschusses ausführlich diskutiert. Dann wird über die Aufnahme oder Ablehnung des Kandidaten abgestimmt. Erst dann kann ein Kandidat mit dem Studium beginnen. Dazu gehört außer dem Erwerb der Theorie eine Lehranalyse mindestens drei Stunden in der Woche, die Ausbildung begleitend. Während des Grund- und dann des Hauptstudiums diskutiert das Lehranalytikergremium immer wieder über die fachlichen und persönlichen Qualifikationen des Kandidaten. Am Ende des Studiums steht eine schriftliche Prüfung mit einer ausführlichen Falldarstellung eines Patienten, die öffentlich verteidigt werden muss. Viele Stunden Supervision müssen zuvor absolviert werden, innerhalb derer der Kandidat mehreren von den Ärzte- und Psychologenkammern zugelassenen Lehranalytikern und Supervisoren genau berichtet, wie die Behandlung mit einem Patienten verläuft, so dass diese erkennen können, wie der zukünftige Analytiker arbeitet.

Diese umfangreiche, teure und lang dauernde Ausbildung, zusätzlich zum akademischen Abschluss, soll garantieren, dass später nur geeignete und hoch qualifizierte Therapeuten Patienten behandeln dürfen. Den Abschluss der Ausbildung bilden die Approbation und dann die Zulassung zu den gesetzlichen Krankenkassen, die deshalb auch ein Ausweis einer guten Ausbildung darstellen.

---

[8] Kleinere Unterschiede von Institut zu Institut sind möglich.

Dennoch gibt es manchmal Grund zur Klage: Ein Patient kann sich unverstanden, nicht genügend beachtet fühlen, er kann sich Illusionen über die eigene Krankheit machen, die ihm einen schnelleren und günstigeren Verlauf vorgaukelten; ein Therapeut kann im Laufe seines Lebens resignieren und der Schwere der Erkrankung eines einzelnen Patienten oder den Belastungen seines Berufes insgesamt nicht mehr gewachsen sein. Therapeuten sind so verschieden wie andere Menschen auch. Es kann auch deshalb nicht jeder Patient zu jedem Therapeuten »passen«. Zuweilen empfiehlt sich schlicht ein Wechsel. Zweifellos muss ein Analytiker großen Belastungen gewachsen sein, wenn er das Leid seiner Patienten über Jahrzehnte auszuhalten in der Lage sein soll.

Aber die Erfahrung zeigt, dass dies besser gelingt, wenn ein Therapeut nicht »auf dem Wasser gehen muss«, sondern darin schwimmen kann. Die Patienten werden das mit ihm zusammen schließlich auch lernen können.

Schluss

Haben Sie noch immer Angst vor Sigmund Freud?

Nach dem langen Weg, der uns über die biographischen Anfänge Sigmund Freuds und die Behandlung seiner ersten Patienten, die evolutionäre Entwicklung des Menschen, den Beitrag der Hirnforschung, die Diskussion der Grundhaltungen der Psychoanalyse und der Therapeutenpersönlichkeit führte, sind wir nun am Ende angelangt. Ist die Angst vor Sigmund Freud nun geringer geworden?

Wissen wir nun besser, ob und wie die Psychoanalyse heilt?

Ich nehme die Worte eines Freundes, der derzeit zu seiner Zufriedenheit eine analytische Therapie absolviert, zum Anlass meiner Schlussbemerkungen.

Fest steht, dass sich der Analytiker der »alten Schule«, der unter der Überschrift der Abstinenz sich jeder Aktivität enthält, beim Publikum immer geringerer Beliebtheit erfreut. Die Klagen von zum Beispiel psychisch schwer kranken Schmerzpatienten, die auf einen Therapeuten treffen, der sie mit ihren Nöten alleine lässt, wenn er nichts tut, sich räuspert und fragt: »Was fällt Ihnen dazu ein?«, sind berechtigt. Ein Analytiker, der sich nicht die Mühe macht, zunächst, wie einst Freud in der Begegnung mit Katharina, zu »erraten«, was in dem Patienten vorgeht, nicht daran denkt, dass ein sehr kranker Mensch gar nicht in der Lage ist, einfach zu assoziieren und damit dem Analytiker »Material liefert«, damit dieser es deuten kann, ist zumindest für die Behandlung schwerer gestörter Patienten nicht geeignet.

Aber auch dem Alltagsverstand leuchtet wenig ein, warum die hundert Jahre alten behandlungstechnischen Regeln der Psychoanalyse, für eine andere Zeit gedacht und gemacht und von Freud selbst nie eingehalten, immer noch gelten sollen. Es ist nicht hilfreich, darauf zu vertrauen, dass die Information über psychoanalytische Gepflogenheiten allgemein bekannt sein müssen. Denn zahlreiche Analytiker gehen mit einer gewissen Selbstgefälligkeit davon aus, dass jeder wissen müsse, was die Sitten in einer analytischen Praxis sind. Das ist aber keineswegs der Fall. Eine Frau vom Land, ein Arbeiter in der Zigarettenfabrik, eine Dame aus der

Oberschicht: Jeder Patient hat den Anspruch auf eine adäquate Behandlung. Adäquat meint hier, dass die Erwartungen und Vorannahmen der Patienten schichtspezifisch sind, die Störungen selbst nicht zwingend unterschiedlich.

Ausführlich habe ich die wünschenswerten Eigenschaften eines Therapeuten dargestellt. Nicht alle Ausbildungsinstitute sind in der Lage, die Zeichen der Zeit zu erkennen. Traditionsbildungen sind an sich nichts Negatives, im Gegenteil. In unserem Zusammenhang wird auch nicht der Anpassung an den Zeitgeist das Wort geredet, sondern es geht darum, Menschen in modernen, gewandelten Zeiten weiter verlässliche Hilfe anbieten zu können. Die seelischen Krankheiten und Störungen sind seit Sigmund Freud nicht weniger geworden, aber sie stellen sich anders dar. Analytiker möchten auch nicht nur Angehörige der Ober- und Mittelschicht behandeln. Die gesetzlichen Krankenkassen und die durch sie gewährleistete Kostenübernahme für Psychotherapien machen es möglich, dass die Psychoanalyse im Gegensatz zu Freuds Zeiten für alle da sein kann. Dies sollte auch für Migranten gelten, die eine ganz neue Gruppe der therapeutischen Klientel darstellen. Auch hier ist ein flexibles Eingehen auf Menschen, die einer uns oft sehr fremden Kultur angehören, von Seiten des Analytikers notwendig (Bründl/Kogan 2005). Fast kann man sagen, dass die hierdurch notwendig gewordene Flexibilität ein Paradigma für die Einstellung auch der in unserem Land geborenen sehr unterschiedlichen Menschen darstellen kann.

In einer Zeit, da die Globalisierung viele Menschen in einen Abgrund von Unsicherheit stürzt, ist es besonders notwendig, sich der Psychoanalyse, in der die Einheit von Körper, Seele und Geist als Kern menschlicher Gesundheit und Lebensfreude angesehen wird, anvertrauen zu dürfen. In der psychoanalytischen Praxis ist das wirtschaftliche Gesetz der »Masse«, der »Zahl«, des Missbrauchs des Menschen als »Kostenfaktor« aufgehoben zugunsten seiner Identität, seiner Subjektivität und seines Wertes als einzigartiges und unverwechselbares Individuum in seiner Zeit und Lebenswelt. Das ist nicht überholter Idealismus und Optimismus, sondern die grundsätzliche Einsicht in den Verlauf menschlicher Geschichte, die wirtschaftliche Veränderungen und Verwerfungen überdauert.

Der Psychoanalytiker ist in diesem Zusammenhang – ob er dies nun weiß oder nicht – ein zugunsten eines krank gewordenen Menschen agierender Mitstreiter. Er erlaubt dem Patienten, sich unter seinem Schutz zu entwickeln, seine seelischen Wunden zu heilen und zu verhindern, dass diese wieder aufgerissen und immer von neuem zu bluten beginnen.

Die Psychoanalyse – als Kulturwissenschaft ebenso wie als Psychologie des Individuums – hat also über die Heilung des Einzelnen hinaus eine wichtige Aufgabe. Wie ich gezeigt habe, ist sie die einzige Psychologie, die sich ebenso mit der phylogenetischen Gewordenheit seelischer Strukturen wie mit der aktuellen Entwicklung individueller Menschen von sogenannter Normalität bis zu psychischer Erkrankung befasst. Auf dem »gewachsenen Fels« (Sigmund Freud) biologischer Triebausstattung haben sich die zahlreichen, kulturell heterogenen Denk-, Fühl-, Glaubens- und Verhaltensweisen angesiedelt, die wir weltweit kennen. Im Gegensatz zum 19. Jahrhundert sind wir aber heute in einer globalisierten Welt sehr viel näher mit gegensätzlichen Sozialisationsprozessen und deren Auswirkungen konfrontiert, als dies früher der Fall war. Die Psychoanalyse muss sich auch in einer gewandelten gesellschaftlichen Situation immer wieder neu bewähren, wenn sie dem selbst definierten Ziel, eine in der Moderne gültige Psychologie zu bleiben, gerecht bleiben will.

Die Psychoanalyse ist aber nicht nur charakterisiert von prinzipiellem Optimismus gegenüber der Entwicklungsfähigkeit des Menschen, sondern auch von tiefer Skepsis aufgrund unserer Triebausstattung, die wir trotz unserer großen kulturellen Errungenschaften, die uns »zum Herrn der Erde« gemacht haben, nicht loswerden.

> (So lehrt uns die) Ubiquität aggressiv-destruktiver Triebphantasien, die schnell entflammbaren Spaltungen in Gut und Böse, Freund und Feind, die Irrationalität der Fortdauer von politischen und ideologischen Kämpfen, wie überhaupt der Rückblick auf ein Jahrhundert des Schreckens ..., dass wir keineswegs rational und vernünftig denkende und planende Individuen sind. (Mertens 2000a, S. 6)

Die Psychoanalyse ist angetreten, die menschlichen Tiefen und Untiefen auszuloten und, wo notwendig, zu lindern und zu heilen. Das mag schwierig sein, unmöglich ist es nicht. Die Stimme des Intellekts ist leise, doch beharrlich und unüberhörbar, wie Freud meinte.

Die von Freud begonnene Arbeit wird von vielen Psychoanalytikerinnen und Psychoanalytikern sowohl für Erwachsene wie auch für Kinder und Jugendliche auf der ganzen Welt fortgesetzt und weiterentwickelt. Freuds Zielsetzungen fühlen sich die zahlreichen Psychoanalytiker verpflichtet, die Tag für Tag ihre Arbeit verrichten, nicht in der Anpassung an Alle, sondern im Dienst am Patienten. So kann die Angst vor Sigmund Freud vielleicht überwunden werden.

Literatur

Ardjomandi, M. E. (2003). Zur Spezifität des ödipalen Konflikts der Muslime im Vorderen Orient am Beispiel Irans, In: Psychosozial, 26. Jahrgang, Nr. 93, Heft III, Sonderheft Migration, Gießen (Psychosozial).

Argelander, H. (1967). Das Erstinterview in der Psychotherapie. Psyche 21, S. 341ff. Stuttgart.

Beck, U. (1986). Risikogesellschaft, Auf dem Weg in eine andere Moderne, Frankfurt a. M. (Suhrkamp).

Beck,U., Beck-Gernsheim, E. (Hg.) (1998). Riskante Freiheiten, Frankfurt a. M. (Suhrkamp).

Bernfeld, S. und Cassirer-Bernfeld, S. (1941). Bausteine der Freud-Biographik, Frankfurt a. M. 1981 (Suhrkamp).

Bertin, C. (1989). Marie Bonaparte, Freuds »Prinzessin«, München (Kunstmann).

Bischof-Köhler, D. (2002). Von Natur aus anders, Die Psychologie der Geschlechtsunterschiede. Stuttgart (Kohlhammer).

Bowlby, J. (1969). Bindung. Eine Analyse der Mutter-Kind-Beziehung, München (Kindler).

Bowlby, J. (1980). Verlust, Trauer, Depression. Frankfurt a. M. (Fischer).

Bohleber, W. und Drews, S. (Hg.) (2001). Die Gegenwart der Psychoanalyse und die Psychoanalyse der Gegenwart, Stuttgart (Klett-Cotta).

Bohleber, W. (2001). Die Gegenwart der Psychoanalyse, Zur Entwicklung ihrer Theorie und Behandlungstechnik nach 1945. In: Bohleber/Drews (2001).

Bohleber, W. (2005). Vergangenes im Hier und Jetzt oder: Wozu noch lebensgeschichtliche Erinnerung im psychoanalytischen Prozess? Einführung, Psyche, 59. Jahrgang, Beiheft 2005, Stuttgart (Klett-Cotta).

Bollas, C. (2005). Übertragung als Widerstand, Vortrag in Dresden 19. Mai 2005.

Breuer, J. und Freud, S. (1895). Studien über Hysterie, mit einer Einleitung von Stavros Mentzos, Frankfurt a. M. (Fischer).

Bründl, P. und Kogan, I. (2005). Kindheit jenseits von Trauma und Fremdheit. Psychoanalytische Erkundung von Migrationsschicksalen im Kindes- und Jugendalter, Frankfurt a. M. (Brandes & Apsel)

Buchholz, M. B. (1999). Psychotherapie als Profession, Gießen (Psychosozial).

Buchholz, M. B. (2004). Psycho-News, Briefe zur empirischen Verteidigung der Psychoanalyse (Psychosozial).

Buchholz, M. B. und Gödde, G. (Hg.). (2005). Macht und Dynamik des Unbewussten, Auseinandersetzungen in Philosophie, Medizin und Psychoanalyse, Band I, Gießen (Psychosozial).

Clark, R. W., (1981). Sigmund Freud, Dt. Übers.: Frank, J. A., Frankfurt a. M. (Fischer).

Codignola, E. (1986). Das Wahre und das Falsche. Essay über die dialogische Struktur der psychoanalytischen Deutung, Frankfurt a. M. (Fischer).

Cording, C. (2006). Wer ist zivilrechtlich verantwortlich? Ich, mein Gehirn oder niemand? Vortrag vom 12. 1. 2006 in Regensburg.

Cremerius, J. (1990). Vom Handwerk des Psychoanalytikers. Das Werkzeug der psychoanalytischen Technik, 2 Bde. Stuttgart (fromman-holzboog)

Damasio, A. R. (2001). Descartes Irrtum. Fühlen, Denken und das menschliche Gehirn, München (Deutscher Taschenbuch-Verlag).

von Dithfurth, H. (1989). Innenansichten eines Artgenossen, Düsseldorf (Claassen).

Durkheim, E. (1900). Der Selbstmord, Frankfurt a. M. 1972 (Suhrkamp)

Ehrenberg, A. (2004). Das erschöpfte Selbst, Depression und Gesellschaft in der Gegenwart, Frankfurt a. M. (Campus).

Eccles, J. C. (1989). Die Evolution des Gehirns, die Erschaffung des Selbst, München, Zürich (Piper).

Eccles, J. C. (1996). Wie das Selbst sein Gehirn steuert, München, Zürich (Piper).

Ellenberger, H, (1973). Die Entdeckung des Unbewußten, Bd. 1/2., Bern (Huber).

Ferenczi, S. (1932). Ohne Sympathie keine Heilung, Das klinische Tagebuch von 1932. Frankfurt 1988 (Fischer).

Ferenczi, S. (1913-1934). Schriften zur Psychoanalyse Band I und II, Frankfurt a. M. 1974 (Fischer).

Freud, S. (1988). Brautbriefe. Briefe an Martha Bernays aus den Jahren 1882-1886, Herausgegeben von Ernst L. Freud. Frankfurt a. M. (Fischer).

Freud, S. (1895). Studien über Hysterie, GW I, Frankfurt a. M. 1969 (Fischer).

Freud, S. (1900). Die Traumdeutung, GW II, Frankfurt a. M. (Fischer).

Freud, S. (1905). Drei Abhandlungen zur Sexualtheorie, GW V, Frankfurt a. M. (Fischer).

Freud, S. (1905). Der Witz und seine Beziehung zum Unbewußten, GW V, Frankfurt a. M. (Fischer).

Freud, S., (1913). Das Unbewußte, GW X, Frankfurt a. M. (Fischer.).

Freud, S. (1917). Eine Kindheitserinnerung aus Dichtung und Wahrheit, GW XI, Frankfurt a. M. (Fischer).

Freud, S. (1926a). Selbstdarstellung, GW XIV, Frankfurt a. M. (Fischer).

Freud, S. (1926b). Zur Frage der Laienanalyse, GW XIV. Frankfurt a. M. (Fischer).

Freud, S. (1920). Jenseits des Lustprinzips, GW XV. Frankfurt a. M. (Fischer).

Freud, S. (1931). Über die weibliche Sexualität, GW XIV Frankfurt a. M. (Fischer).

Gödde, G. (1999). Traditionslinien des »Unbewussten«. Schopenhauer, Nietzsche, Freud. Tübingen (edition discord).

Görnitz, T. und Görnitz, B. (2002). Der kreative Kosmos, Geist und Materie aus Information, Stuttgart (Spektrum).

Golse, B. (2005). Bindung und Psychoanalyse. Ist der Begriff Bindungstrieb tatsächlich ketzerisch? Vortrag auf der Tagung der EFFP, 19.-22.5.2005.

Green, V. (2005). Emotionale Entwicklung in Psychoanalyse, Bindungstheorie und Neurowissenschaften, Theoretische Konzepte und Behandlungspraxis, Frankfurt a. M. (Brandes & Apsel).

Griesinger, W. (1867). Pathologie und Therapie der psychischen Krankheiten, Stuttgart (Nachdruck: Amsterdam 1964).

Hirschmüller, A. (1978). Physiologie und Psychoanalyse im Leben und Werk Josef Breuers, Bern (Huber).

Holzkamp-Osterkamp, U. (1975). Grundlagen der psychologischen Motivationsforschung I. und II. Frankfurt a. M. (Campus).

Jaspers, K. (1947). Von der Wahrheit (Neuausgabe München 1991) (Piper).

Jones, E. (1982). Das Leben und Werk von Sigmund Freud, Bd. I, Bern (Huber).

Kernberg, O. (1997). Wut und Hass, Über die Bedeutung von Aggression bei Persönlichkeitsstörungen und sexuellen Perversionen. Stuttgart (Klett-Cotta).

Leuzinger-Bohleber, M., Mertens, W., und Koukkou (Hg.) (1998). Erinnerung von Wirklichkeiten, Psychoanalyse und Neurowissenschaften im Dialog, Bd. 1 und 2, Stuttgart (Verlag Internationale Psychoanalyse).

Leuzinger-Bohleber, M., Rüger, B., Stuhr, U. und Beutel, M. (2002). »Forschen und Heilen« in der Psychoanalyse, Ergebnisse und Berichte aus Forschung und Praxis, Stuttgart (Kohlhammer).

Leuzinger-Bohleber, M. (2005). Chronifizierte Depressionen: eine Indikation für Psychoanalysen und psychoanalytische Langzeitbehandlungen, Psyche 9/10, 59. Jahrgang, Doppelheft Depression, , Stuttgart (Klett-Cotta).

Lichtenberg, J. M. (2000). Das Selbst und die motivationalen Systeme, Zu einer Theorie psychoanalytischer Technik, Frankfurt a. M. (Brandes & Apsel).

Linke, D. B. (1999). Das Gehirn, München 2000 (C. H. Beck).

Linke, D. B. (2001). Kunst und Gehirn, Die Eroberung des Unsichtbaren (Rowohlt).

Mertens, W. (1992). Entwicklung der Psychosexualität und der Geschlechtsidentität, Band 1 und 2, Stuttgart, Berlin, Köln 1994 (Kohlhammer).

Mertens, W. (2000a). Psychoanalyse, Geschichte und Methoden, München (Beck).

Mertens, W. (2000b). Traum und Traumdeutung, München (Beck).

Nunberg, H. und Federn, E. (Hrsg.) (1976-1981). Protokolle der Wiener Psychoanalytischen Vereinigung, Band I-IV. Frankfurt a. M. (Fischer).

Orange, D. M. (2004). Emotionales Verständnis und Intersubjektivität. Beiträge zu einer psychoanalytischen Epistemologie, Frankfurt a. M. (Brandes & Apsel).

Palm, G. und Aertsen, A. (1984). Brain Theory, Proceedings of the First Trieste Meeting on Brain Theory, October 1-4, 1984, Berlin/Heidelberg (Springer).

Penrose, R. (1994). Schatten des Geistes, Wege zu einer neuen Physik des Bewußtseins, Stuttgart 1995 (Spektrum).

Penrose, R. (2002). Das Große, das Kleine und der menschliche Geist (Spektrum).

Ricœur, P. (1969). Die Interpretation, Ein Versuch über Freud, Frankfurt a. M. (Fischer).

Roth, G. (2001). Fühlen, Denken, Handeln, Wie das Gehirn unser Verhalten steuert, Frankfurt a. M. (Suhrkamp).

Roth, G. (1997). Das Gehirn und seine Wirklichkeit, Kognitive Neurobiologie und ihre philosophischen Konsequenzen, Frankfurt a. M. 1997 (Suhrkamp).

Rudolf, G. (2005). Psychotherapeutische Medizin und Psychosomatik, Stuttgart (Thieme), 5. Auflage.

Schafer, R. (2003). Bad Feelings, London (Karnac).

Schmidbauer, W. (1975). Die hilflosen Helfer, Reinbek (Rowohlt).

Schmidbauer, W. (1996). Wenn Helfer Fehler machen. Reinbek (Rowohlt).

Singer, W. (2002). Der Beobachter im Gehirn, Essays zur Hirnforschung (Suhrkamp).

Solms, M. (2000). Traumdeutung und Neurowissenschaften, In: Starobinski, Grubrich-Simitis und Solms, Hundert Jahre Traumdeutung von Sigmund Freud, Drei Essays, Frankfurt a. M. (Fischer Taschenbuch-Verlag).

Solms, M./Turnbull, O. (2002). The brain and the inner world, London (Karnac).

Spitzer, M. (1996). Geist im Netz, Heidelberg (Spektrum).

Spitzer, M. (2002). Musik im Kopf, Hören, Musizieren, Verstehen und Erleben im neuronalen Netzwerk, Stuttgart (Schattauer).

Spitzer, M. (2005). Frontalhirn an Mandelkern, letzte Meldungen aus der Nervenheilkunde, Stuttgart (Schattauer).

Stern, D. (1977). Mutter und Kind, Die erste Beziehung, Stuttgart 2000 (Klett-Cotta).

Stern, D. (2005). Der Gegenwartsmoment. Veränderungsprozesse in Psychoanalyse, Psychotherapie und Alltag, Frankfurt a. M. (Brandes & Apsel).

Tömmel, S. E. (1983). Wissenschaftsstrukturelle Beschreibung der Psychoanalyse, In: Psychoanalyse 4/1983, Fellbach/Oeffingen S. 319-352.

Tömmel, S. E. (1985). Die Evolution der Psychoanalyse, Beitrag zu einer evolutionären Wissenschaftssoziologie. Frankfurt a. M., New York (Campus).

Tömmel, S. E. (1993). Zur Methodologie der Deutung, In: Zeitschrift für psychoanalytische Psychotherapie, XV. Jahrgang, Heft 2/3 S. 3-24.

Tömmel, S. E. (2005). Flucht von Ost nach West: ein deutsch-deutsches Migrationsschicksal. In: Bründl/Kogan (2005)

Tyson P. und Tyson, R. L. (1997). Lehrbuch der psychoanalytischen Entwicklungspsychologie, Stuttgart (Kohlhammer).

Zweig, S. (1978). Die Welt von gestern, Erinnerungen eines Europäers, Frankfurt a. M. (Fischer).